Maike Hanneck

Island-Kochbuch

túri

ISBN: 978-9979-9641-0-0

túrí ehf.
531 Hvammstangi, Island
Tel. +354 45 10082
turi.baekur@gmail.com
www.godar-baekur.is

Gedruckt in einer mit dem Nordic Ecolabel ausgezeichneten Druckerei

3. Auflage 2017
Lektorat: Gudrun M. H. Kloes, Laugarbakki. Layout, Illustrationen und Einbandgestaltung: the virtual gaucho, Köln. Herstellung: Oddi ehf., Reykjavík. Gedruckt in Island.

Für Felix und Janko

Bildnachweis: Seite 3, 123, 136: Arnar Ólafsson. 5, 17 oben, 35, 72, 76, 79, 85, 87, 92, 95, 98, 124, 129, 130, 150: PhotoCase. 6: Emma Holmwood. 8: Hreggviður Ársælsson. 10, 14, 16, 19, 32, 55, 57, 74, 88, 117, 121, 137, 152, 156: Hans Klüche. 12: PhotoCase, www.delalogo.de. 17 unten: PhotoCase, Schneider. 21: PhotoCase, Haefeli. 27: PhotoCase, Dimolaidis. 28: PhotoCase, Wels. 29: Mari Mansikka. 31: PhotoCase, Erler. 35: PhotoCase, Palinski. 41, 49 unten, 53, 54, 87, 121, 135, 155: Lauri Dammert. 46, 154: PhotoCase, Pieruschek. 49 oben: PhotoCase, Claßen. 50: Frank Pathol. 59: Andrea Gingerich. 59: Stuart Brill. 63, 103: Serban Enache. 66: PhotoCase, Welker. 70: Melanie Anne. 81: Paul Senyszyn. 85: Dane Wirtzfeld. 90: PhotoCase, Baur. 91: PhotoCase, Ornetzeder. 93: Herman, D.E. et al. 1996. North Dakota tree handbook. 93, 94: gmhk. 101: Brian Palmer. 103: PhotoCase, Winkelmann. 105: Sigfús Már Pétursson. 107: Rob Sylvan. 110: Jeanette Meier Kamer. 113: PhotoCase, Hecker. 119: Christian Fundin. 132: Jay Akerley. 140: Rósa Rut Þórisdóttir. 147: Monika Adamczyk. 148: Anders Agnalt. 149: Bradley Mason. 151: Bobbie Osborne. 153, 157: Maike Hanneck. Umschlagabbildungen: Lauri Dammert (2), Hans Klüche, PhotoCase (3), Tim Gasperak (Arnarfell), Hanna Silbermayr (Paprika).

Rezeptteil

Informationen

Anhang

Die Autorin

Maike Hanneck verbrachte ihre Jugend in Island, lernte dort *kleinur* zu zwirbeln, Fischbällchen zu braten und Kartoffelpüree mit Zucker zu würzen, und jobbte in Islands berühmtester Raststätte Staðarskáli und als cook-on-the-bus für Wandergruppen.

Zurück in Deutschland baute sie nach einem Zeitungsvolontariat die Online-Redaktion von DasKochrezept.de auf. Maike Hanneck arbeitet heute als freie Autorin und in den Bereichen Design und Übersetzung mit den Fachgebieten Island und Pferde, und lebt mit ihrem Mann, ihrem Sohn und Katzen mitten in Köln.

Die Verlegerin

Gudrun M. H. Kloes wanderte vor Jahren nach Island aus, blickt auf langjährige Erfahrung im Fremdenverkehr und als Übersetzerin zurück und kocht bevorzugt mit dem, was direkt aus der Natur gewonnen wird. Sie lebt mit ihrem Sohn, Katzen und Hühnern in Laugarbakki im Nordwesten Islands.

Mit diesem Buch

möchten wir Islandreisenden, aber auch solchen, die es erst noch werden wollen, einen Blick in isländische Küchen und Esszimmer gewähren und ihnen die Kochkultur im Zusammenspiel mit den vier Elementen, die Island prägen, nahebringen.

Vor allem aber möchten wir Ihnen die Gelegenheit geben, aus phantastisch frischen und reinen Zutaten typisch isländische Speisen zuzubereiten. Typisch isländich heißt dabei nicht unbedingt traditionell, sondern: mit Liebe gekocht und mit Freude gegessen.

In diesem Sinne: *Verði ykkur að góðu! Guten Appetit!*

Die Rezepte sind grundsätzlich für vier Personen berechnet, bei den Ausnahmen steht die Mengenangabe über der Zutatenliste.

Alle Rezepte sind getestet worden und die Angaben über isländische Lebensmittel, Beeren, Kräuter, Jagd und Fischen wurden sehr sorgfältig zusammengestellt und überprüft. Trotzdem können Autorin und Verlag keine Garantie für das Gelingen oder die Schmackhaftigkeit der Gerichte und keine Haftung für fehlerhafte Angaben und deren Folgen übernehmen. Besonders für selbst gesammelte Naturprodukte gilt: Essen Sie Ihrer Gesundheit und Ihrem Gaumen zuliebe nichts, wovon Sie nicht hundertprozentig überzeugt sind, dass Sie es vertragen!

Eine Übersicht über die Maßeinheiten in diesem Buch:

Bezeichnung	Bedeutung	entspricht...
dl	Deziliter	100 ml
EL	Esslöffel	etwa 10-15 g
TL	Teelöffel	etwa 6 g

Isländische Küche gibt es auch im Internet! Auf der Website zum Buch finden Sie noch mehr Rezepte, traditionelle Zubereitungsmethoden, Ergänzungen, Bezugsadressen und – falls nötig – Korrekturen. Außerdem können Sie über die Website mit Autorin und Verlag in Kontakt treten. Besuchen Sie

www.islandkochbuch.de

erde

Kochen mit den vier Elementen

Vielleicht, weil Islands Erde keine exotischen Früchte wie Naranjillas, Babacos oder Zapotes, ja, noch nicht einmal Äpfel zu bieten hat, nehmen viele Reisende eine Geschichte mit nach Hause, die exotisch ist und dabei noch echten Wikinger-Appeal hat. „Die Isländer essen verrotteten Haifisch, den sie monatelang am Ufer in der Erde vergraben haben, bis er so richtig hinüber ist", lautet der Mythos, und er wird unterstrichen mit der Aussage: „Ich habe selbst daran gerochen. Gegessen habe ich ihn allerdings nicht. Die Isländer aber lieben ihren verfaulten Hai."

Das passt ins Bild von den starken Nordmännern, die seit jeher weder Feind noch Fischvergiftung fürchten. So schön die Legende auch ist, so niedrig ist ihr Wahrheitsgehalt: Man kann in Island Hai (*hákarl*) essen, der einige Monate alt ist, und er riecht durchdringend. Nur ganz wenige Isländer essen ihn gern. Dass er trotzdem vor allem bei Feierlichkeiten auf den Tisch kommt, liegt am Traditionsbewusstsein und Humor der Isländer, die Hai-Essen manchmal auch ein bisschen als Mutprobe inszenieren.

Die Legende erzählt, der Hai würde eingegraben, um ihn zu konservieren. Dass das aber anscheinend regelmäßig misslingt, denn sonst wäre er ja nicht „verfault", erschüttert die Erzähler nicht. Das Vergraben von Hai, einem als sehr gefährlich empfundenen Tier, das ohnehin nur echte Helden fangen können, rückt die Isländer außerdem abenteuerlich in die Nähe von Seeräubern, die ihre Schatzkisten vergraben. Und was wird nun wirklich mit dem Hai gemacht, dass er so stinkt? Er wird erst eine Weile lang gepresst, dann an der frischen Luft getrocknet, wobei er fermentiert. Das Fleisch von Knorpelfischen wie Hai und Rochen hat eine hohe Konzentration von bestimmten Stoffen wie Harnstoff, die dafür sorgen, dass das Fleisch eben gerade nicht verrottet, sondern fermentiert und vom Geruch her überreifem Schimmelkäse ähnlich wird. Nicht, dass diese Information der Legendenbildung Abbruch tun würde. Das Magazin Seattle Weekly erhielt 2002 eine Leser-Anfrage: „I have heard that in Iceland they have a dish consisting of rotten shark marinated in human urine. Can this really be true?"

Zusätzliche Verwirrung stiftet eine aus Norwegen nach Island gekommene Speise, die die Legende wahrscheinlich noch durch einen Übersetzungsfehler unterstützt. Eine skandinavische Zubereitungsart ist nämlich das Marinieren von rohem Fisch in Salz und Kräutern, mittlerweile auch in Mitteleuropa geschätzt. So behandelt, heißt der Lachs in Island „grafinn lax", was man als „vergrabener Lachs" übersetzen kann, „grafinn" bedeutet in dem Zusammenhang aber vor allem „vollständig bedeckt" - eben mariniert.

Feuer

Kochen mit den vier Elementen

Feuer spielt in der isländischen Küche auch heute noch eine große Rolle, denn die Isländer sind wahrscheinlich die grillverrückteste Nation der Welt, neben den Argentiniern. Egal, ob *glóðarsteikt lúða* (poetisch: glutgebratener Heilbutt) oder etwas prosaischer *grillaðar kótilettur* (gegrillte Koteletts), die Isländer grillen im Garten, auf dem Balkon, am Ferienhaus, auf dem Zeltplatz, sobald die Witterung es zulässt und was das Zeug hält. Am Grill toben sich auch sonst eher konservative Menschen aus und bereiten gegrillten Salat zu, backen gegrilltes Brot, füllen gegrillte Birnen mit Snickers, und grillen Seeteufel in Spaghetti-Nestern.

Eins bemerkten isländische Soziologen mit Interesse: Seit dem Grillboom kochen auch Männer mehr. Das Zubereiten der

Mahlzeiten war früher reine Frauensache, und bestand hauptsächlich aus Kochen und Backen. Das Braten von Fleisch und Fisch war bis ins 20. Jahrhundert jedenfalls unpopulär. Mehr noch, es war jahrhundertelang quasi unbekannt. Was gegessen werden sollte, wurde gekocht, wahlweise in Wasser oder Molke, oder gebacken, am besten in der übriggebliebenen Glut. Bis ins 19. Jahrhundert hatten die Haushalte nämlich nur eine offene Feuerstelle, keine Herde oder Backöfen.

Wenn zur Landnahmezeit den Bewohnern eines Hofs das Feuer erlosch, bedeutete das beschwerliche Märsche, um auf einem anderen Hof Feuer zu holen. Je nach Wetter und Jahreszeit war es nicht einfach, die Flamme unterwegs am Brennen zu halten. So wurde das Feuer holen in vielen Volksmärchen auch der Ausgangspunkt für das Abenteuer, für den Weg in die weite Welt. Überhaupt spielt die Essensbeschaffung eine große Rolle in den Märchen: Menschen rudern zum Fischfang hinaus und erleiden Schiffbruch auf einer Insel voller Trolle, oder sie gehen im Hochland Flechten sammeln und bestehlen dort unwissentlich Verborgene Leute, oder ein Bischof muss die Felsen weihen, an denen böse Geister die Eiersammler immer in die Tiefe stürzen lassen.

Die berühmteste Geschichte vom Feuer holen aber ist die vom Geächteten Grettir dem Starken, der von der Insel Drangey im Nordwesten Islands 6 Kilometer bis ans Land schwamm, weil auf der Insel das Feuer ausgegangen war.

Eine andere Art Feuer wird zum Kochen gar nicht benutzt: die Erdhitze nach einem Vulkanausbruch. Sie ist zwar beachtlich. Auf Heimaey verbrennt man sich auch heute, mehr als 30 Jahre nach dem Ausbruch, schon nach wenigen Zentimetern die Finger, wenn man am Fuß des Vulkans ein Loch, zum Beispiel für ein Frühstücksei, gräbt. Dass die vulkanische Energie nicht genutzt wurde, ist verständlich. Niemand will einen Herd am Haus, der jederzeit explodieren kann.

Kochen mit den vier Elementen

Luft, die die meisten Menschen vom europäischen Kontinent nur wahrnehmen, wenn sie ihnen ausgeht, fällt ihnen in Island oft gleich auf, sobald sie das Flughafengebäude verlassen. Frisch, klar, sauber, kalt, und meistens in Bewegung.

Die Luft über Island bietet die idealen Voraussetzungen, um Fisch zu trocknen. Vielerorts in der Nähe der Küste findet man Holzgerüste, an denen tausende Fischköpfe in langen Reihen im Wind baumeln, oder paarweise aneinandergebundene Fische, ausgenommen und ohne Kopf. Die Fischköpfe werden ausnahmslos nach Nigeria verkauft. Nur eine Form von Stockfisch kann man in Island kaufen, aber das an jeder Tankstelle, nämlich *harðfiskur*. Nach dem Trocknen wurde der Fisch gewalzt, um ihn so geschmeidig zu machen, dass man ihn in Streifen abziehen kann. *Harðfiskur* wird nicht gekocht, sondern so gegessen, wie man ihn kauft, am besten mit Butter bestrichen. Der Geschmack ist überraschend mild, aber würzig und lange nicht so intensiv wie der Geruch.

Auch wenn die Trockenfisch-Gerüste, *skreiðarhjallar* genannt, scheinbar herrenlos am Meer stehen, wird irgendwann einmal jemand kommen, um nach dem Rechten zu sehen. Das tiefe Vertrauen, das Isländer in ihre Mitmenschen haben – so tief, dass wenn es enttäuscht wird, der Diebstahl von 15 kg Räucherfisch aus einer Fischfabrik im Radio gemeldet wird – wird an diesen Orten besonders deutlich.

Als rechtmäßige Besitzer der Trockenfische empfinden sich die Seevögel. Seit Jahrhunderten sind sie selbst ein wichtiger Bestandteil der Nahrung, vor allem die als *svartfugl* (Schwarzvogel) bezeichneten Alken, also Tordalk, Trottellumme, Dickschnabellumme, Gryllteiste, und Papageitaucher, und ihre ungewöhnlich geformten und gemusterten Eier.

Besonders die von den Touristen als possierlich empfundenen Papageitaucher sind begehrt. Sie machen fast die Hälfte der jedes Jahr erlegten Wildvögel aus und werden zwischen Juli und Mitte August in den Klippen mit Käschern gefangen, die an meterlangen Stäben befestigt sind. Das ist eine, quasi fairerweise, auch für Menschen gefährliche Jagdmethode, deren Bezeichnung „*lundatekja*" aber ganz unspektakulär nur „Papageitaucher-Entnahme" bedeutet.

Leichteres Spiel haben die Menschen mit Vögeln, auf die sie schießen dürfen (das ist in der Nähe von Vogelfelsen verboten). Fast eine halbe Million Wildvögel wird jährlich erlegt. Besonders beliebt bei Jägern und Gourmets sind Gänse und Enten. Im Gegensatz zur Fischerei gibt es keine staatlichen Beschränkungen, was die Abschusszahlen von Wildvögeln betrifft, nur saisonbedingte Schutzzeiten.

Kochen mit den vier Elementen

wasser

Wasser ist in Islands Ernährung gleich dreifach wichtig. Neben dem sauberen, weichen Trinkwasser, das zu jeder Mahlzeit auf den Tisch kommt und das bedenkenlos direkt aus dem Wasserhahn getrunken werden kann, nutzt man auch das Wasser aus den heißen Quellen. Das allerdings sollte man nur trinken, wenn man Getränke mit Schwefel-Aroma mag. Man kann darin aber Schwarzbrot aus Roggenmehl backen, oder besser gesagt sieden (*seytt rúgbrauð*).

Auch wenn dies auf Besucher des Landes wie eine uralte Zubereitungsmethode wirken muss, hat es doch kaum historische Wurzeln. Die heißen Quellen wurden in den vergangenen Jahrhunderten erstaunlich wenig genutzt außer zum Baden und Wäsche waschen – oder zumindest wurde ihre Nutzung in den wenigen Reiseberichten aus der Zeit nicht erwähnt, bis auf eine trockene Bemerkung wie „Feuerholz spart man sich in Laugarás durch die heißen Quellen, aber auf der anderen Seite fallen manchmal Schafe hinein und sterben."

Der größte Nutzen des Heißwassers, was das Essen betrifft, liegt in seiner umweltschonenden und kostengünstigen Heizkraft, die zum Anbau von Gemüse, Obst und Blumen in Gewächshäusern genutzt wird. In Hveragerði in Südisland entstand so eine ganze Kleinstadt, ein landwirtschaftliches Zentrum mitten in einem sehr aktiven Geothermalgebiet. Immerhin seit Mitte des 19. Jahrhunderts wurden schon vielerorts Kartoffelfelder in der Nähe von heißen Quellen angelegt, und um 1920 herum begannen dann Pioniere in Laugardalur und Reykir Gewächshäuser mit natürlich heißem Wasser zu beheizen. Alle diese Ortsnamen lassen übrigens auf das heiße Wasser im Boden schließen, denn *laug* heißt warmes Becken, *hver* heiße Quelle und *reykir* Rauch – ein Denkfehler, den die ersten Siedler häufig machten, als sie die Ländereien benannten: den Heißwasserdampf mit Rauchschwaden zu verwechseln.

Noch viel wichtiger als das Heißwasser ist aber das Salzwasser rund um Island. Dafür führt die kleine Nation, die kein Heer hat, sogar „Kriege". Nach der Ausweitung des Hoheitsgebiets von 4 auf 12 Seemeilen im Jahr 1958 gab es einen Konflikt mit den Briten, die diese Einschränkung ihrer Fischfangflotten nicht hinnehmen wollten, der unter dem Name „Kabeljaukrieg" bekannt wurde. Der „Zweite Kabeljaukrieg" 1972 hatte einen ähnlichen Anlass, nämlich die Vergrößerung der Zone auf 50 Seemeilen, aber schärfere Auswirkungen: es wurden Schleppnetze gekappt und die isländischen Küstenwachschiffe nahmen nicht nur ihre Aufsichtsfunktion wahr, sondern rammten englische Trawler, die die Grenze überschritten. Erst nach Jahren, und mit der internationalen Anerkennung der 200-Meilen-Zone, kam es zur Einigung.

Dass die isländischen Gewässer als Fanggründe so beliebt sind, liegt an ihrem Fischreichtum, dass die Isländer sie aber so rigoros verteidigen, ist weil sie nicht unergründlich sind. Zwar gehört das Nordmeer um Island, *Íslandsmiðin*, eigentlich zu den reichsten Fischgründen der Welt, weil das Zusammentreffen warmer und kalter Ströme viel Nahrung für die Meereslebewesen aus der Tiefsee an die Oberfläche bringt, aber die Artenvielfalt ist sehr gering. Das isländische Meeresforschungsinstitut hat 360 Arten Fische registriert, die innerhalb der 200-Meilen-Zone gefangen wurden, viele davon jedoch nur ein einziges Mal. Das ist extrem wenig, wenn man betrachtet, dass es weltweit etwa 25.000 Arten von Meeresfischen gibt.

Vor allem aber hat das größte Raubtier des Nordmeers die Fischbestände dezimiert: der Mensch. Überfischung ist ein Problem, dem der isländische Staat mit kompliziert berechneten Fangquoten begegnet. Seit Jahrzehnten unterliegt die isländische Fischerei also strengen Kontrollen und Schutzmaßnahmen, was sich auf die Qualität der isländischen Fischprodukte positiv auswirkt und zum Beispiel dem Heringsbestand erlaubt hat, sich wieder zu erholen, nachdem er in den 70er Jahren fast ausgerottet worden war. Dafür sind heute andere Arten gefährdet, wie der Kabeljau, jahrhundertelang der isländische Fisch schlechthin – allerdings hauptsächlich für den Export. Er gilt als Arme-Leute-Fisch, Isländer essen viel lieber Schellfisch.

Fischzucht ist eine Alternative, die in Island gut ankommt. Lachse, (Regenbogen-)Forellen und Saiblinge werden vielerorts in menschlicher Obhut aufgezogen. Pilotprojekte mit Heilbutt- und Miesmuschel-Zucht in den Fjorden verlaufen vielversprechend.

Island hat eine zwiespältige Einstellung zu Walen. Auf der einen Seite gibt sich die Nation gern unbeugsam, was Fremdbestimmung in Form von Walfang-Moratorien betrifft, und beharrt auf der Notwendigkeit des Walfangs „zu wissenschaftlichen Zwecken". Wobei allerdings 49% der Wissenschafts-Wale den Weg in die Restaurants oder Feinkostläden, vor allem asiatische, finden dürfen. Das Meeresforschungsinstitut schätzt, dass die Wale um Island jährlich 6 Mio. Tonnen Meerestiere fressen, davon 2 Mio. Tonnen Fisch (das wäre doppelt so viel wie die gesamte isländische Flotte jährlich an Fisch fängt). Das schafft klare Feindbilder bei den futterneidischen Isländern.

Auf der anderen Seite entwickeln sich Walbeobachtungs-Touren zu einem wichtigen Standbein im Fremdenverkehr, und die Reisenden möchten die Wale natürlich lebendig sehen. Walfang ist ein sehr kontroverses Thema und eine gute Gelegenheit, mit einem der ansonsten sehr höflichen Isländer Streit zu bekommen.

Was auf den Tisch kommt

Man kann in einer Rezept-Auswahl keinen Aufschluss darüber geben, was die Mehrheit der Menschen in einem Land wirklich isst. Würde man das Essverhalten der Isländer quasi maßstabsgerecht abbilden wollen, fänden sich hier vor allem Rezepte von Soft-Eis – und Gerichte „*á ítalska vísu*“, also italienisch, mit Rucola-Salat, oder „*austurlenskt*“, orientalisch, dann mit frischem Koriander. Es muss den meisten Menschen schmecken – das ist das Ziel von Schulkantinenköchinnen, und deswegen sieht ein Speisezettel der Landwirtschaftlichen Schule in Hólar im Nordwesten Islands für zwei Wochen beispielsweise so aus:

Mo. Salzfisch, Grieben, Kartoffeln, Rüben, *rúgbrauð*. Nachtisch: *skyr* mit Sahne.
Di. Geräuchertes Fohlenfleisch, Kartoffeln in Béchamelsauce, *hrásalat*. Nachtisch: Obst.
Mi. *Fiskibollur*, Käsesauce. Nachtisch: Pudding.
Do. Spaghetti mit Hacksauce. Nachtisch: Süße Suppe.
Fr. Gekochter Schellfisch, Kartoffeln, *rúgbrauð*. Nachtisch: *skyr* mit Beeren.

Mo. Gebratener Fisch, Kartoffeln, Sauce, Salat. Nachtisch: Milchreis mit Zimt.
Di. *Hangikjöt*, Kartoffeln in Béchamelsauce, Erbsen, Rotkohl, Salat. Nachtisch: Kakaosuppe, Zwieback.
Mi. *Plokkfiskur*, Karotten, *rúgbrauð*. Nachtisch: Obstsalat.
Do. Fleischsuppe, Rüben, Kartoffeln, Brot. Nachtisch: Käsekuchen.
Fr. Beinscheiben vom Lamm, braune Sauce, Kartoffeln, Salat. Nachtisch: Tiramisu.

Grundrezepte

Cocktailsauce und Rohkostsalat

Sósa og salat

für die Sauce

120 g	Mayonnaise
200 g	saure Sahne oder *súrmjólk*
4 EL	Tomatenketchup
1 EL	Ananassaft (aus der Dose)
1 EL	Sherry
1 TL	Paprikapulver
	nach Belieben Tabasco und Knoblauchpulver
	Salz und Pfeffer

für den Salat

500 g	Weißkohl
1	Karotte
1	Apfel
2	Ananasscheiben aus der Dose
200 g	saure Sahne
120 g	Mayonnaise
½ TL	Paprikapulver
	Salz und Pfeffer

Alle Zutaten für die Sauce gründlich vermischen. Für den Salat Weißkohl und Karotte fein reiben. Apfel schälen, entkernen und wie die Ananas sehr fein würfeln und zum Weißkohl geben. Saure Sahne mit Mayonnaise vermischen und zum Gemüse geben. Mit Paprika, Salz und Pfeffer abschmecken.

Isländische Cocktailsauce ist der Pflicht-Begleiter für Pommes frites. In Imbissbuden rund ums Land sind die meistgehörten Sätze' „*franskar, sósa og salat*“ (Pommes frites, Cocktailsauce und Rohkostsalat) und „*eina með öllu*“ (ein Hot Dog mit allem, also Ketchup, Remoulade, Senf, rohen und gerösteten Zwiebeln).

Kartoffeln mit Zuckerglasur

Brúnaðar kartöflur

als Beilage für 4 Personen

700 g Kartoffeln
4 EL Zucker, gehäuft
2 EL Butter, Sahne oder Kondensmilch

Kartoffeln kochen und schälen, solange sie noch warm sind. In Stücke schneiden, die etwas größer als Walnüsse sind. Den Zucker in eine große, schwere Pfanne geben und bei guter Hitze unter gelegentlichem Rühren schmelzen, bis er bräunlich ist und schäumt. Butter (oder gleiche Menge Wasser) dazugeben und gut verrühren, bis eine gleichmäßige Sauce entstanden ist, dann die Kartoffeln hineingeben und darin wenden, bis sie rundum vom Karamell bedeckt und wieder heiß geworden sind. Variante: Die Hälfte der Butter durch die gleiche Menge kalten Kaffees ersetzen.

Roggen-Schwarzbrot

Rúgbrauð

für 4 kleine Brotlaibe

5 dl	Roggenflocken
2½ dl	Weizenmehl (Type 405 oder 550)
5 dl	Vollkorn-Weizenmehl, fein gemahlen
12 dl	Roggenmehl
5 dl	Buttermilch oder *súrmjólk*
4 dl	Zucker
5 TL	Backpulver
1 TL	Salz
6 dl	Vollmilch

Bevor Sie dieses an sich sehr einfache Rezept ausprobieren, beachten Sie folgendes: Das Brot hat eine extrem lange Garzeit (24 Stunden), und benötigt etwas Vorbereitung. Für dieses Rezept braucht man vier leere, quadratische, ausgespülte Milchkartons (1 Liter). Auf keinen Fall TetraPaks oder andere Alu- oder Plastik-beschichtete Getränkekartons verwenden. PurePaks sind eher geeignet.

Schon fast traditionell auf isländischen Bauernhöfen ist die Zubereitung in der *makkintossdós*, also der Weißblechdose, in der die beliebten Toffees der Marke Mackintosh geliefert werden. Für die angegebene Teigmenge braucht man zwei Dosen mit jeweils knapp zwei Liter Fassungsvermögen. Die Dose muss beim Backen gut verschlossen werden, am besten mit dem Original-Deckel. Für die Zubereitung benötigt man ferner eine sehr große Schüssel und eine Rührmaschine mit Knethaken. Nur Menschen vom Schlage Grettirs des Starken können den zähen Teig mit einem Holzlöffel rühren.

Die Roggenflocken mit der Buttermilch mischen, zudecken

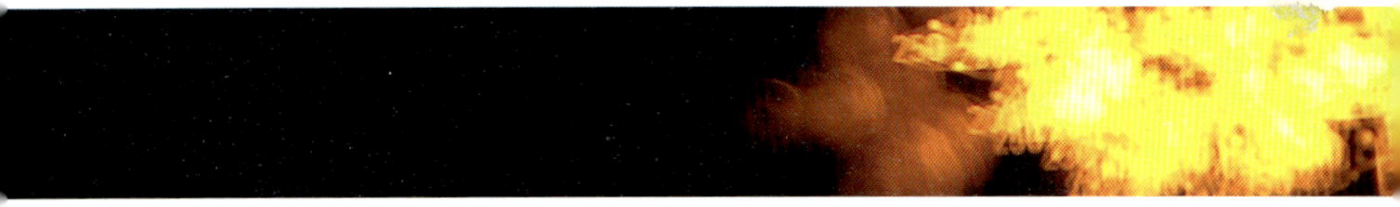

und einige Stunden kaltstellen. Dann die Mehlsorten mit Zucker, Salz und Backpulver in einer Schüssel mischen. Eingeweichte Roggenflocken und Buttermilch dazugeben. Nach und nach die Vollmilch dazugießen, dabei gut rühren, bis ein zäher, glatter Teig entsteht.

Vier leere Milchkartons oben ganz öffnen und mit zwei Löffeln füllen. Beim Befüllen die Milchkartons ab und zu schütteln, damit der Teig sich gut verteilt. Sie sollen maximal bis zu zwei Dritteln gefüllt sein. Die Kartons oben wieder zufalten und mit großen Büroklammern verschließen oder mit Heftklammern sorgfältig zutackern.

Backofenrost auf die unterste Schiene des Backofens schieben, die Milchkartons daraufstellen und bei 100° C (vorheizen nicht nötig) 24 Stunden lang backen. Das Brot hält sich in den Milchkartons sehr gut, lässt sich aber auch hervorragend einfrieren.

Reste von *rúgbrauð* werden traditionell zu einem Nachtisch namens *brauðsúpa* verarbeitet, für den man auch hart gewordenes Brot verwenden kann. Für sechs Portionen Brotsuppe weichen Sie 500 g Schwarzbrot und 50 g Rosinen mehrere Stunden lang in 750 ml Wasser und 1 dl Malzbier ein. Aufkochen und ein paar Minuten sanft köcheln lassen, dann mit Kartoffelstampfer oder Pürierstab zu einer sämigen Suppe verarbeiten. Mit 1 EL Aprikosenmarmelade, einem Spritzer Zitronensaft und 50 g Zucker abschmecken und 10 Minuten bei niedriger Hitze ziehen lassen. In tiefe Teller füllen, viel Schlagsahne in die Mitte geben und spiralförmig in die Suppe einrühren, so dass ein Muster entsteht.

Kartoffeln in Béchamel

Kartöfluuppstúfur

als Beilage für 6 Personen

1 kg	Kartoffeln
25 g	Butter
25 g	Weizenmehl
350 ml	lauwarme Milch
	nach Belieben: Muskat, Zucker, Salz und Pfeffer

Kartoffeln in (oft süßlicher) Béchamelsauce sind der klassische Begleiter für geräuchertes oder gepökeltes Fleisch und *bjúgu*.

Kartoffeln in Salzwasser kochen, abgießen und so bald wie möglich schälen. Zerteilen, falls nötig. In einem Topf die Butter zerlassen, Mehl darüber stäuben und unter Rühren anschwitzen, bis es goldgelb ist. Mit einem Schneebesen rühren, während die Milch langsam dazu gegossen wird, dann aufkochen lassen. Abschmecken, Kartoffeln hineingeben und etwa 5 Minuten lang heiß werden lassen.

In derselben Sauce wird Blumenkohl serviert: man verwendet 250 ml Milch oder Gemüsebrühe für ein Pfund gegarten Blumenkohl.

Gibt es eigentlich isländische Kartoffel-Sorten? Das Knollengewächs wurde 1758 eingeführt, von daher kann keine Kartoffelsorte „einheimisch" sein. Es gibt aber Sorten, die als typisch gelten und im Ausland weitgehend unbekannt sind, nämlich *Rauðar íslenskar*, *Bláar íslenskar* und *Gular íslenskar* (Rote, Blaue bzw. Gelbe Isländische), von denen erstgenannte aber auch in Skandinavien angebaut wird, allerdings unter dem Namen Alte Schwedische. Wenn Sie isländische Kartoffeln kaufen, sind es recht wahrscheinlich die Roten.

Roggen-Fladen

Flatkökur

4 dl	Milch
150 g	Weizenmehl, Type 405
150 g	Vollkorn-Weizenmehl
150 g	Roggenmehl
1 TL	Backpulver
1 TL	Salz

Milch aufkochen, dann vom Herd nehmen. In einer Schüssel die restlichen Zutaten mischen und in die Mitte eine Vertiefung machen. Unter Rühren die sehr heiße Milch langsam hineinschütten. Den Teig kneten, bis er glatt ist. Er soll zäh sein, aber nicht zu trocken. Etwas Teig abteilen und auf einer bemehlten Fläche mit dem Nudelholz ausrollen und einen Kreis von etwa 12 cm Durchmesser ausschneiden. Teigfladen unter einem feuchten Küchentuch aufbewahren und mit dem restlichen Teig genauso verfahren. Am besten Backpapier oder Folie zwischen die Fladen legen.

Eine Schüssel mit heißem Wasser vorbereiten. Eine isländische Pfannkuchenpfanne oder eine gusseiserne Pfanne gut heiß werden lassen, und den Fladen ohne Fettzugabe darin backen, bis die Unterseite schwarze Flecken aufweist, dann wenden. Aus der Pfanne nehmen, kurz in das heiße Wasser tauchen und einen zweiten Stapel für die fertigen *flatkökur* bilden (wieder mit feuchtem Tuch und Backpapierlagen).

Ganz Hartgesottene backen ihre *flatkökur* angeblich direkt auf der Herdplatte. Gesünder ist sicher die Variante auf einem Heißen Stein.

Brot-Gratin

Heitur brauðréttur

für das Büffet (8 Personen)

200 ml	Schlagsahne
1	Weichkäse, z. B. Stóri Dímon oder Brie, von etwa 200 g
1 TL	süßer Senf
1 TL	Butter
200 g	frische Pilze
1	Laib Weißbrot à 500 g
200 g	gekochter Schinken oder Shrimps
½	Dose Aprikosen (à 425 ml)
100 g	geriebener Käse

Den grob zerkleinerten Weichkäse mit der Sahne in einem Topf bei niedriger Hitze schmelzen, Senf darunterrühren. Pilze putzen und in Scheiben schneiden, Butter in einer Pfanne zerlassen und die Pilze darin kurz anschmoren. Brot entkrusten, in Würfel schneiden und in eine feuerfeste Form füllen. Aprikosen kleinschneiden, auf die Brotschicht geben und 4 EL von dem Saft aus der Dose darüber gießen. Schinken würfeln, mit den Pilzen in der Pfanne mischen und zum Brot geben. Mit der Käsesahne übergießen und mit dem geriebenen Käse bestreuen. In den Ofen schieben und etwa 20 Minuten bei 200° C backen, bis der Käse zerlaufen ist.

Von diesem heißen Brotgericht gibt es unzählige Varianten. Weil man schnell große Mengen davon zubereiten kann, ist es bei den „Nähkränzchen“ (*saumaklúbbur*) genannten Frauenabenden so beliebt. Der Auflauf wird heiß, in der Form, auf den Tisch gestellt, dann manövriert man eine Portion davon mit dem Tortenheber (rustikaler Ersatz: Käsehobel) auf seinen Teller. Je später der Abend, desto lustiger.

Garnelen-Brotgericht

Rækjuréttur

für das Büffet (8 Personen)

10	Toastbrotscheiben, groß und dick
200 g	saure Sahne oder Creme fraiche
1	kleine Dose grüner Spargel
175 ml	Schlagsahne
250 g	Eismeergarnelen, geschält, gegart
200 g	Pfirsiche aus der Dose
	Salz und Pfeffer

Mit der Hälfte der Toastscheiben den Boden einer eckigen Form vollständig auslegen, evtl. vorher die Brotkruste abschneiden. Spargel abgießen, 100 ml des Spargelsaftes mit 75 ml der Sahne verrühren und gleichmäßig auf der Brotschicht verteilen.

Spargel mit 150 g Garnelen und 100 g saurer Sahne pürieren, je nach Geschmack fein oder stückig. Spargelmasse auf dem Brot verteilen, pfeffern.

Mit den übrigen Brotscheiben abdecken und diese mit einem Gemisch aus 6 EL von dem Pfirsichsaft aus der Dose und 100 ml Sahne gleichmäßig bestreichen. Restliche Garnelen mit den Pfirsichen und der restlichen sauren Sahne pürieren und auf die Brotschicht streichen. Mit Pfirsichscheiben oder Garnelen dekorieren. Bis zum Servieren kühlen, dann in Scheiben schneiden, oder wenn es edler aussehen soll, in Rauten.

Variante: Anstelle von Spargel eine kleine Dose Tomaten und 100 g Trauben statt der Pfirsiche verwenden. Mit gehackten Walnusskernen dekorieren.

Gerolltes Brot

Rúllubrauð

für das Büffet (8 Personen)

1	Kastenweißbrot
200 g	Frischkäse mit Kräutern (Brotaufstrich)
250 g	Schmelzkäse mit Champignons
1 TL	Paprikapulver
	Salz und Pfeffer
1	kleine Dose Spargel
2	Scheiben Ananas aus der Dose
6	Scheiben gekochter Schinken
6	EL Mayonnaise
	geriebener Käse nach Belieben

Ein absoluter Klassiker bei Konfirmationsfeiern (*fermingarveisla*), Familientreffen (*ættarmót*), Nähkränzchen (*saumaklúbbur*) oder für das Weihnachtsbüffet (*jólahlaðborð*). Die Herstellung ist nicht trivial, schon gar nicht, wenn man nicht das extra dafür hergestellte isländische *rúllutertubrauð* hat, eine Art Kreuzung aus Biskuitboden und Toastbrot.

Man kann sich behelfen, indem man ein festes Kastenweißbrot über Nacht in einem Beutel aufbewahrt, damit es weich wird. Dann schneidet man mit einem gezahnten Messer die Kruste ab und beginnt das Brot etwa 2 cm vom Rand entfernt längs einzuschneiden. Doch bevor man die lange Scheibe abschneiden würde (2 cm vor dem „Ende" der Scheibe), dreht man das Brot, schneidet wieder nicht ganz durch, dreht das Brot, und so weiter, bis man eine Brotrolle erhält, die man nur vorsichtig aufklappen sollte, damit sie nicht bricht.

Spargel abgießen, die Flüssigkeit auffangen und mit dem Frischkäse und Schmelzkäse sehr gründlich vermischen. Mit

Paprika, Salz und Pfeffer würzen. Ananas sehr fein zerkleinern und unterrühren. Spargel in Stücke schneiden, Schinken würfeln und unter die Sauce mischen. Das Brot auf der Innenseite damit bestreichen und wieder aufrollen. Am besten geht das, wenn man vor dem Befüllen ein Backpapier (oder Alufolie) unter das Brot legt, und für den Transfer auf das Blech das Papier über der Brotrolle zusammenschlägt und sie daran hochhebt. Will sich das Brot von selbst entrollen, stützt man es, indem man Würste aus Alufolie formt und sie längs am Brot entlang legt.

Nun wird das Brot außen dünn mit Mayonnaise bestrichen. Mit geriebenem Käse bestreuen, wenn gewünscht. Im vorgeheizten Ofen bei 225° C backen, bis es eine goldene Farbe angenommen hat. Heiß servieren.

Variante für ein „italienisches“ Rollbrot: 100 g Peperoni, eine rote Zwiebel und eine Handvoll Oliven in Scheiben schneiden. Mit 200 g saurer Sahne und 2-3 gehäuften EL Mayonnaise mischen und mit italienischen Kräutern abschmecken. Zum Bestreuen: Parmesan.

Mit Räucherlachs: 200 g Hüttenkäse mit 4 gehäuften EL Mayonnaise verrühren, blanchierte Broccoliröschen nach Belieben und 200 g geräucherten Lachs daruntermischen, nach Belieben würzen und das Brot damit bestreichen und aufrollen. Auf die Rolle Käsescheiben legen.

Mit Roastbeef: 250 g Roastbeef in Streifen schneiden, mit 200 ml Remoulade und 75 ml Heinz Sweet Relish mischen und die Brotrolle damit füllen. Heiß oder kalt servieren (nach kurzem Einfrieren ist sie leichter in Scheiben zu schneiden).

Die Wilde 13 Die isländischen Weihnachtskerle haben nichts mit dem vom Nikolaus zum Santa Claus gewordenen europäisch-amerikanischen „Weihnachtsmann“ zu tun. Die dreizehn Weihnachtskerle kommen einer nach dem anderen in der Zeit vor Weihnachten, und sie bringen keine Geschenke, sondern stellen etwas an oder stehlen, sie sind also mehr wie Kobolde.

Das Jahr über leben sie in den Bergen mit ihrer Mutter Grýla, einer furchterregenden Trollfrau, die sie in der Weihnachtszeit zu den Menschen jagt. Die Reihenfolge, in der sie nachts auftauchen, ist immer dieselbe:

In der Nacht zum 12. Dezember kommt Stekkjastaur, lang und schlank wie ein Zaunpfosten, und versucht, wie die Lämmer Schafsmilch zu trinken, was aber wegen seiner Gestalt nicht einfach ist. Jede Nacht kommt ein weiterer seiner Brüder hinzu. Der grauhaarige Giljagaur lauert im Kuhstall und versucht, den Rahm von der Milch zu stehlen, wenn die Magd abgelenkt ist. Stúfur, der Knirps, schnappt sich, wenn er unbeobachtet ist, die Pfanne vom Herd und nascht die angebrannten Reste daraus. Þvörusleikir ist unvorstellbar dünn. Er grabscht nach dem Teigschaber, um ihn abzulecken, ähnlich wie Pottaskefill, der die Menschen ablenkt, und dann heimlich die Töpfe ausschleckt. Unter den Betten versteckt sich Askasleikir, und angelt sich die Fressnäpfe der Katzen und Hunde. Hurðaskellir stiehlt zwar nichts, knallt aber nachts mit den Türen, um die Menschen im Schlaf zu stören. Skyrjarmur ist ein riesiger Kerl, der die Deckel der Skyrfässer zerbricht, um sich daraus zu bedienen. Mit langem Arm angelt

Bjúgnakrækir sich Würste aus dem Rauchfang. Gluggagægir steht am Fenster und schielt nach etwas, das er stibitzen kann, sein Bruder Gáttaþefur mit seiner riesigen Nase verlässt sich ganz auf seinen Geruchssinn und kann frischgebackenes *laufabrauð* schon aus kilometerweiter Entfernung riechen. Ketkrókur kommt in der Zeit der eifrigsten Festvorbereitungen und kann daher schon mal ein Stück Braten erwischen. Zu guter Letzt gesellt sich in der Nacht zum Heiligabend noch Kertasníkir hinzu, der den kleinen Kindern nachläuft und ihnen die Kerzen wegnimmt.

In der Reihenfolge, in der sie gekommen sind, verschwinden die Weihnachtskerle auch wieder, jede Nacht einer, bis am Dreikönigstag endlich wieder Ruhe einkehrt.

Laufabrauð

Laufabrauð

2½ dl	Milch
1 EL	Butter oder Margarine
500 g	Weizenmehl
1 EL	Zucker
1 TL	Backpulver
1½ kg	Pflanzenfett zum Frittieren

Laufabrauð ist eine ur-isländische Spezialität. Nirgendwo sonst auf der Welt werden diese hauchdünnen, tellergroßen, frittierten Kuchen hergestellt, in die filigrane Muster geschnitzt wurden, so dass sie fast aussehen wie Häkeldeckchen. Laufabrauð herzustellen ist eine Aufgabe für die ganze Familie, für die man einen halben Ferientag einplanen sollte. Man benötigt keine Fritteuse dafür, nur einen genügend großen Topf. Wer sein „Laubbrot" mit authentischen Mustern versehen will, kauft in Island ein *laufabrauðsjárn*, eine schwere Messingrolle, die die Arbeit sehr erleichtert, aber auch entsprechend teuer ist.

Die Muster macht man so: Man schneidet fortlaufende Reihen von kleinen rechten Winkeln, so dass die Spitzen alle in dieselbe Richtung zeigen (>>>>). Jede zweite der so entstandenen Teigspitzen klappt man nach hinten um, wodurch ein Löchermuster entsteht.

Milch in einem Topf erhitzen, aber nicht kochen lassen, Butter hineingeben und auf etwa 38° C abkühlen lassen. Mehl, Zucker und Backpulver in einer Schüssel mischen, eine Kuhle in die Mitte drücken und die Milch hineinschütten. Mit einem Holzlöffel von der Mitte aus die trockenen Zutaten spiralförmig hineinrühren. Je nach Beschaffenheit des Teigs fügt man eventuell noch ein wenig Mehl oder lauwarme Milch hinzu.

Sobald der Teig absolut glatt ist, teilt man eine kleine Menge ab und wickelt den restlichen Teig in Folie. Er soll möglichst nicht abkühlen – aber darauf achten, dass er auch nicht trocknet. Das Teigstück rollt man auf einer mit Mehl bestreuten Fläche so dünn wie nur möglich aus. Einen kreisrunden Fladen mit einem Durchmesser von 15-20 cm ausschneiden (Teigreste später extra frittieren, nicht wieder einkneten). Bedenken Sie, dass der Topf entsprechend groß sein muss, in dem Sie die Fladen frittieren. Für den Anfang sollten Sie eher kleine Fladen herstellen, um mit dem Prozedere vertraut zu werden. Ausgerollte Fladen können unter einem großen Topfdeckel (oder ähnlichem), mit Backpapier getrennt, aufbewahrt werden, damit sie nicht austrocknen. Vor dem Frittieren schneidet man ein Muster in die Fladen.

Das Fett muss zum Frittieren mindestens 6 cm tief und heiß sein. Nicht in der Fritteuse frittieren. Nur ein paar Sekunden frittieren, dann vorsichtig herausnehmen und auf Küchenkrepp abkühlen lassen. Kurz vor dem Servieren mit Puderzucker bestreuen. Laufabrauð kann auch in Butterreinfett oder Schmalz frittiert werden, allerdings nicht in Butter, da sie bei hoher Hitze braun wird.

Versuchen Sie niemals, brennendes Fett mit Wasser zu löschen. Frittierfett, das sich entzündet hat, muss erstickt werden! Oft genügt es, den Topf mit seinem Deckel zu verschließen. Besser ist es, man hat eine entsprechende Löschdecke zur Hand.

Blaues, blaues Meer

Hafið bláa hafið

für eine große Party

1	Flasche Wodka
½ l	Blue Curacao
2 l	Cidre oder Poiré
1-2 l	Sprite

Mischen und mit Zitronenscheiben und Eiswürfeln garniert servieren. Dazu ein farbiges Eis am Stiel anbieten, am besten ein blaues (z. B. blár Lurkur von emmess).

Die Menge ergibt etwa 25 Drinks.

Cocktails

Drykkir

Wahnsinnige Bína - Brjálaða Bína

3 cl Wodka
3 cl Bailey's Irish Cream
3 cl Kahlúa Kaffeelikör

Im Shaker mit Eis mischen. In einem Cognac-Glas mit dem Eis servieren.

Mjólk er holl - Milch ist gesund

1 Teil Bailey's Irish Cream
1 Teil Pisang Ambon
3 Teile Milch
1 Handvoll gestoßenes Eis

Im Shaker mischen und mit einem Strohhalm in eine abgeschnittene Milchpackung gefüllt mit gestoßenem Eis geben.

Grænn frostpinni - Grünes Eis am Stiel

3 cl weißer Rum
2 cl Apricot Brandy
2 cl Blue Curacao
1 cl Bananenlikör
Apfelsinensaft

Im Shaker mischen, in einem langstieligen Glas mit etwas Eis servieren.

Klassische Rhabarbermarmelade

Rabarbarasulta

für ein großes Glas Marmelade

1 kg Rhabarber, am besten rotstielig
600 g Zucker

Rhabarber gründlich waschen und putzen, aber nicht schälen, in fingerdicke Scheiben schneiden und mit dem Zucker in einen Edelstahl-Topf geben. Gut mischen und einige Stunden abgedeckt ziehen lassen, bis sich der Zucker ganz aufgelöst hat, am besten über Nacht. Aufkochen lassen, dann Hitze reduzieren und sanft köcheln lassen, bis die Marmelade dunkelbraun wird und einen leichten Karamell-Duft bekommt. Dabei immer mal wieder umrühren. Das Kochen kann bis zu zwei Stunden in Anspruch nehmen. In ein heiß ausgespültes Einmachglas geben und verschließen.

Mit der klassischen Rhabarbermarmelade bestreicht man nicht nur Waffeln und Pfannkuchen, sie wird auch als Beilage zu Lamm und so gut wie allen anderen Fleischgerichten gereicht. Außerdem ist sie der Hauptbestandteil des Kuchens Hjónabandssæla (siehe Seite 112).

Obst und Gemüse mit lustigen Namen: Kleiner Sauerampfer heißt auf Isländisch *hundasúra*, Hundesauer. Man ist sich nicht einig, wie es zu dem Namen kommt; die einen sagen, dass Hunde das Kraut manchmal fräßen, wenn sie Verdauungsbeschwerden haben, andere halten es für einen abwertenden Ausdruck, weil Kleiner Sauerampfer im Vergleich zum Wiesen-Sauerampfer, *túnsúra*, eben kleiner ist. Der noch viel größere saure Verwandte Rhabarber wird *rabarbari* genannt, heißt aber ursprünglich *tröllasúra*, Trollsauer. *Rauðaldin* und *gulaldin* (Rotfrucht und Gelbfrucht) hießen Tomate und Zitrone am Anfang, und für die Banane erfand man den Begriff *bjúgaldin*, Krummfrucht.

Fleischgerichte

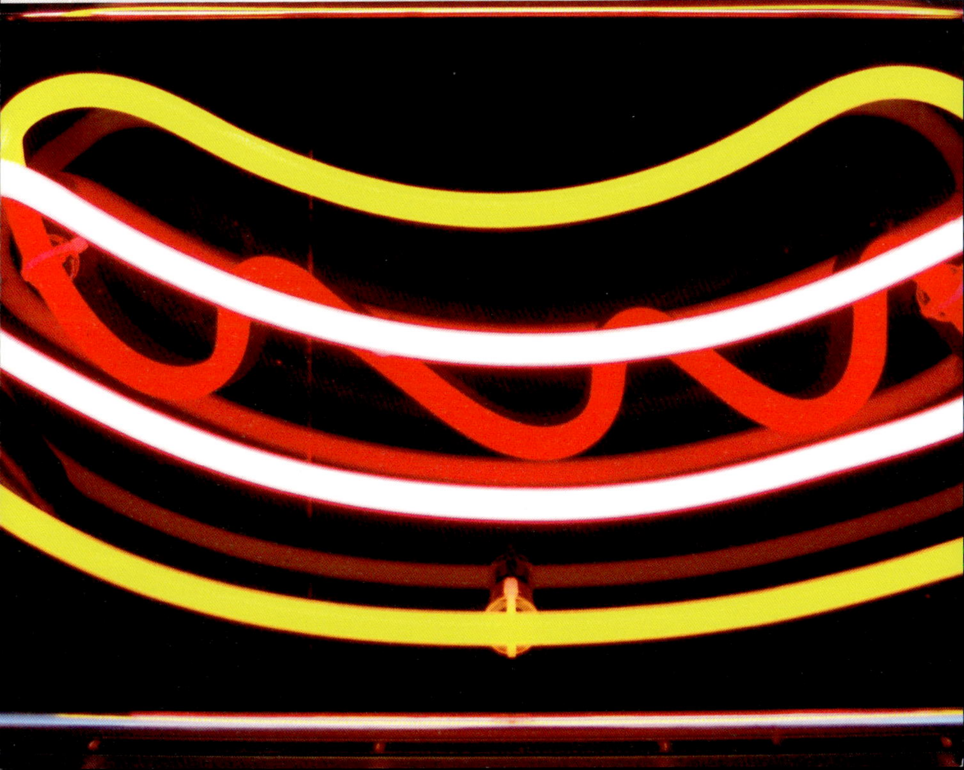

Lammfilet in Blätterteig

Innbakaðar lambalundir

als Vorspeise für 4-6 Personen

1	EL	Butter
400	g	Lammfilet
1	EL	frischer Thymian
½	TL	gemahlener Kümmel
1	EL	frischer Rosmarin
4	EL	*brennivín* (siehe Seite 134)
200	g	Sahne-Frischkäse
50	g	blauer Schimmelkäse, z. B. Kastali
4		Knoblauchzehen, gepresst
1	Pk.	Blätterteig (tiefgekühlt)
1		Ei

Blätterteig entsprechend der Anleitung auftauen lassen. Kräuter hacken. Butter in der Pfanne erhitzen, Lammfilet darin bei guter Hitze ganz kurz anbraten, dann auf jeder Seite weitere 5 Minuten braten. Pfanne vom Herd nehmen, Filet mit *brennivín* beträufeln, in Kräutern und Kümmel wenden und zugedeckt zur Seite stellen.

Ofen vorheizen auf 175° C. Währenddessen den Frischkäse gründlich mit dem Schimmelkäse und dem gepressten Knoblauch vermengen. Blätterteig dünn ausrollen, das Lammfilet mit der Käsemischung bestreichen und fest hinein wickeln. Ei verquirlen und damit den Blätterteig bestreichen. In eine feuerfeste Form legen und etwa 25 Minuten backen.

Aus dem Bratensaft und den Kräuterresten in der Pfanne eine braune Sauce herstellen. Das Fleisch mit einem scharfen Messer in schmale Streifen schneiden, Sauce auf die Teller träufeln und das Fleisch darauf anrichten. Dazu Waldorf-Salat.

Weihnachtspaté vom Lamm

Jólapaté

für das Büffet (10 Personen)

250 g	Lammleber
2 EL	Öl
50 ml	Sherry
200 g	*hangikjöt*, ersatzweise Kassler
1	Zwiebel
1 kg	Gehacktes vom Lamm
50 ml	Cognac
3	Knoblauchzehen
1 TL	Thymian
1 TL	Bohnenkraut
½ TL	Oregano
½ TL	Muskat
	Salz und Pfeffer
1	Ei
1 EL	Weizenmehl
	Lorbeerblätter

Leber in etwa zuckerwürfelgroße Stücke schneiden. Im heißen Öl nur ganz kurz anbraten, vom Herd nehmen und Sherry langsam angießen. Hangikjöt und Zwiebel sehr fein würfeln und in einer Schüssel mit dem Gehackten, Cognac, dem gepressten Knoblauch und den Gewürzen (bis auf den Lorbeer) mischen. Alles zwei Stunden ruhen lassen. Ei und Mehl dazugeben und alles gründlich verkneten. Zum Schluss vorsichtig Leber und Sherry darunterrühren. In eine feuerfeste, dichte Form füllen und mit Lorbeerblättern bedecken. Mit Alufolie verschließen. In eine größere Form stellen, in den Ofen schieben und die große Form mit Wasser füllen. Bei 180° C gut eine Stunde backen. Erkalten lassen, stürzen und in Scheiben schneiden.

Rentierschnitzel auf Portweinsauce

Hreindýrasnitzel með portvínsósu

600 g	Rentier oder Reh, in 12 Scheiben geschnitten
	Butter zum Braten
2 EL	Johannisbeergelee
1 TL	frischer Thymian
½ TL	Salz
	Pfeffer

für die Sauce

2 EL	Zucker
1 EL	Wasser
1 dl	heller Portwein
1	Apfelsine, unbehandelt
½	Zitrone, unbehandelt
2 dl	Fleischbrühe, warm
1 dl	Weißwein
1 TL	Maisstärke

Ofen auf 60° C vorheizen. Apfelsine und halbe Zitrone auspressen und den Saft mischen. Von beiden Früchten ein wenig Schale abreiben und zum Saft geben. Thymian mit Salz und Pfeffer im Mörser zerstoßen.

Butter bei guter Hitze in der Pfanne zerlassen, das Fleisch etwa eine Minute auf jeder Seite braten, dann in eine feuerfeste Form legen. Johannisbeergelee mit der Gewürzmischung aus dem Mörser in die Pfanne geben, gut verrühren, das Fleisch damit rundum bestreichen und dann im Ofen warmhalten.

Zucker und Wasser in die Pfanne geben und bei hoher Hitze den Zucker schmelzen, dabei achtgeben, dass er nicht anbrennt.

Sobald der Zucker leicht hellbraun ist, Hitze verringern, Portwein angießen und gut mischen. Den ausgepressten Saft dazugeben, bei mittlerer Hitze um die Hälfte einkochen lassen, dann die Fleischbrühe dazugeben und 3 Minuten köcheln lassen. Maisstärke im Weißwein auflösen, dazugießen, unter Rühren andicken lassen. Mit Salz und Pfeffer abschmecken.

Die Sauce auf den Tellern verteilen, das Fleisch darauf anrichten und mit Birnenscheiben dekorieren. Als Beilage eignen sich Bandnudeln.

Die Rentier-Jagdsaison währt vom 1. August bis 15. September. Wer Rentiere jagen möchte, benötigt einen isländischen Jagd- und Waffenschein – und Glück, schon bevor es auf die Pirsch geht, denn regelmäßig gibt es dreimal mehr Bewerber als Lizenzen zur Jagd, die daher jedes Frühjahr vom isländischen Rentier-Komitee verlost werden und bis zu 750 Euro kosten. Der Ablauf der Rentierjagd ist gesetzlich geregelt und wird streng kontrolliert, bei Verstößen drohen bis zu zwei Jahre Haft. Jährlich werden etwa 1000 Rentiere freigegeben. Bei www.hreindyr.is gibt es ausführliche Informationen auf englisch.

Fleischsuppe

Kjötsúpa

500 g	mageres Lammgulasch
500 g	Suppenfleisch vom Rind
1 ½ l	Wasser
	Salz, Pfeffer
500 g	Kohlrüben
300 g	Kartoffeln
300 g	Karotten
1	Lauch
300 g	Weißkohl
½ Bund	glatte Petersilie oder Ihre Lieblingskräuter

Fleisch in einen großen Topf geben, mit kaltem Wasser übergießen und langsam zum Kochen bringen. Den Schaum abnehmen, mit Salz und Pfeffer würzen und 45 Minuten ohne Deckel leicht köcheln lassen.

In der Zwischenzeit Rüben und Kartoffeln schälen und würfeln. Lauch und Karotten putzen und in Scheiben schneiden. Das Gemüse zu dem Fleisch geben und weitere 15 Minuten köcheln lassen.

Währenddessen Weißkohl in Streifen schneiden und dann grob hacken. Den Weißkohl und die gehackten Kräuter in die Suppe geben und weitere 5 bis 10 Minuten köcheln lassen.

Nochmals mit Salz und Pfeffer abschmecken und servieren, traditionell auf zwei Tellern pro Person – einem für die Suppe und einem für das Fleisch.

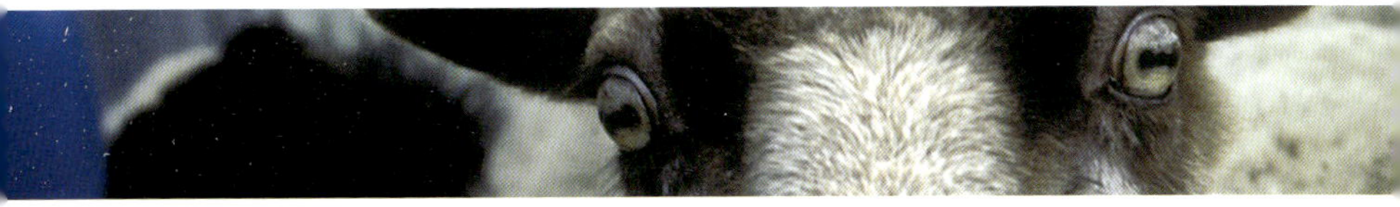

Von Menschen und Schafen

Der Schafabtrieb (*göngur*) und das anschließende Sortieren der Schafe (*réttir*) waren jahrhundertelang die einzige Versammlung im Jahr, die keinen kirchlichen Hintergrund hatte, und dementsprechend wichtig für die Menschen. *Göngur*, was frei übersetzt eigentlich nur „die Lauferei" bedeutet, und *réttir* wurden trotz der anstrengenden Arbeit, die dahintersteckt, zum Fest, das im anschließenden *réttarball* gipfelt – übrigens auch heute noch eine der rauschendsten Feiern im isländischen Kalender, vielleicht nur vom Handelsfeiertag übertroffen. Denn dieser findet zur wärmeren Jahreszeit statt und es geht ihm kein stunden- oder tagelanges Einsammeln von Schafen zu Pferd oder zu Fuß voraus. Wenn die Menschen und Tiere vom Hochland in besiedeltes Gebiet kommen, warten dort an den Straßen Frauen mit vollgepackten Autos: dampfender Kaffee, *pönnukökur*, Waffeln, *flatkökur* mit *hangikjöt* und Käse belegt, *kleinur* und dicke Sandwiches werden an die erschöpften Schafabtreiber verteilt. Dass Getränke schon unterwegs nicht zu kurz kommen, zeigt das Beispiel aus Vatnsnes im Nordwesten Islands. Dort gibt es einen Zusammenschluss der Schafabtreiber, ein *gangnamannafélag*, dessen Mitglieder Funktionen wie Leiter des Schafabtriebs (ein offizielles Amt), Tabakmeister, Trinkleiter, Gesangsbeauftragter und Hofnarr (weniger offizielle Ämter) ausüben.

Eine Fleischsuppen-Variante beim Schafabtrieb: 1 Lamm-Vorderteil von 6 kg, angeblich geeignet als Suppenfleisch, 10 Liter Quellwasser, 2 Stück dicke Zwiebeln, 250 Gramm Reis vom Onkel Benni, etwas Suppengemüse, 6 Lorbeerblätter und zwei Schluck schwarz gebrannter Schnaps. Zutaten, die fehlen, werden durch Schnaps ersetzt. Fehlen alle, ebenso.

Lamm-Carpaccio mit Kräutern

Grafið lamb með jurtum

als Vorspeise für 4 Personen

400 g	Lammfilet
1 kg	grobes Meersalz
2 EL	Zucker
2 dl	frischer isländischer Thymian
1 dl	getrocknete Johannisbeerblätter
1 dl	frischer Schnittlauch
3 EL	frischer Liebstöckel oder Kerbel
2 EL	junge Löwenzahnblätter
1 TL	frischer Estragon
1 EL	rosa Pfefferkörner
1 EL	gemahlener schwarzer Pfeffer

Die Mengenangaben bei den Kräutern beziehen sich auf zerkleinerte Kräuter. Salz und Zucker mischen, das Filet hineinlegen und komplett damit bedecken, beschweren und zwei Stunden kaltstellen. Kräuter hacken und mit dem Pfeffer mischen. Filet herausnehmen, abspülen, trockentupfen. Die Hälfte der Kräuter auf ein großes Stück Frischhaltefolie geben, das Filet darauflegen, restliche Kräuter darüberstreuen und fest einwickeln. 24 Stunden im Kühlschrank aufbewahren, am besten zwischen zwei Holzbrettchen. Vor dem Servieren Kräuter abstreifen und das Fleisch in hauchdünne Scheiben schneiden.

Das Carpaccio wird mit Salat (möglichst mit isländischen Kräutern) serviert und mit einer lauwarmen Sauce beträufelt: hierfür eine gewürfelte Schalotte in 75 ml Öl anschmoren, 4 EL Portwein dazugeben und einkochen lassen, dann mit 4 EL Rotweinessig, Salz, Pfeffer und 2 EL gehackten jungen Löwenzahnblättern mischen.

Lammkeule mit Rhabarber-Spinat

Læri með rabarbara og spínati

1	Lammkeule ohne Hüftknochen, ca. 1250 g
1 EL	Rosmarin, frisch
1	Knoblauchzehe
½ TL	Salz
1 TL	Öl
750 g	Rhabarber
150 g	Spinat, frisch, ersatzweise Rübstiel
3 EL	Zucker

Rosmarin und Knoblauch im Mörser zerstoßen. Mit einem scharfen, spitzen Messer rundum ins Fleisch etwa 10 kleinfingergroße Einstiche machen und die Kräutermischung hinein füllen. Keule leicht salzen und pfeffern, in einen schweren, eingefetteten Bräter legen und im Ofen bei 225° C ohne Deckel 75 Minuten braten. Vor dem Servieren etwa 10 Minuten in Alufolie eingeschlagen ruhen lassen.

Während die Keule im Ofen ist, Rhabarber und Spinat waschen und putzen, aber den Rhabarber nicht schälen. Rhabarber in nicht zu dünne Scheiben schneiden, Spinat klein zupfen.

Sobald die Keule fertig gebraten ist, Zucker mit 2 EL Wasser und etwas Salz und Pfeffer in eine Pfanne geben und unter Rühren erhitzen, bis der Zucker aufgelöst ist. Rhabarber hineingeben und fünf Minuten schmoren, dann den Spinat dazugeben und bei niedriger Hitze in wenigen Minuten garen. Mit der Lammkeule servieren. Als Beilage: Kartoffelgratin.

Isländisches Lamm-Curry

Lamb í karrí

für 4 bis 6 Personen

1 kg	Lammfleisch aus der Schulter, ohne Knochen
1 EL	Öl
2	große Zwiebeln
2 EL	gelbes Currypulver
1 EL	Kurkuma
1 TL	Ingwerpulver
	Salz und Pfeffer
150 ml	heiße Fleischbrühe
1 EL	Tomatenmark
2 EL	Rosinen
100 g	Sahne-Frischkäse

Fleisch würfeln. Zwiebeln in Scheiben schneiden. Öl in Pfanne oder Bräter erhitzen und die Zwiebeln bei mittlerer Hitze darin anschmoren, bis sie goldgelb sind. Fleisch hinzufügen und rundum anbraten. Gewürze darüberstreuen und unter Wenden kurz weiterbraten, dann Fleischbrühe angießen und Tomatenmark hineinrühren. Aufkochen, dabei immer wieder umrühren. Wenn die Sauce kocht, Rosinen hineingeben und mit einem Deckel verschließen. 45 Minuten lang köcheln lassen. Frischkäse hineinrühren und weitere 15 Minuten bei niedriger Hitze ziehen lassen. Mit Reis, Kartoffeln oder Bandnudeln servieren.

Isländische Kartoffeln sind häufig von der Sorte *Rauðar íslenskar* (Rote Isländische) und haben dem Namen entsprechend einen hohen Anteil von Antocyanen, die die Schale rötlich-braun färben. Daher stammt auch der violette Ring, den man sehen kann, wenn die Kartoffel aufgeschnitten wird.

Gefüllte Lammherzen

Fyllt lambahjörtu

4-6	Lammherzen, ersatzweise 8 Truthahnherzen
80 g	getrocknete Aprikosen
40 g	getrocknete Apfelringe
40 g	Backpflaumen
	Thymian
	Salz und Pfeffer
	Butter zum Braten
5 dl	Fleischbrühe, heiß
2 EL	Weizenmehl oder Saucenbinder

Die Herzen gut abspülen und innen und außen trockentupfen. Die Trockenfrüchte grob hacken, mit Thymian, Salz und Pfeffer mischen und die Herzen damit füllen.

Butter in einer tiefen Pfanne oder schwerem Topf erhitzen und die Herzen darin anbraten, bis sie rundum schön braun sind. Fleischbrühe angießen, nur kurz aufkochen lassen, dann bei mittlerer Hitze unter einem Deckel etwa 60 Minuten köcheln lassen. Herzen aus der Flüssigkeit nehmen und warmstellen. Sauce binden und mit Pfeffer und Salz abschmecken.

Die Herzen quer in Scheiben schneiden und auf der Sauce anrichten.

Aberglaube rund um *svið*, die abgesengten, aufgesägten Schafsköpfe: die Ohren sind tabu, denn wer die Ohren und damit auch die Markierung des Besitzers verschwinden lässt, macht sich des Diebstahls verdächtig. Außerdem muss das Knöchelchen, das unter der Zunge sitzt, zerbrochen werden, andernfalls wird ein Kind, das noch nicht sprechen kann, für immer stumm bleiben.

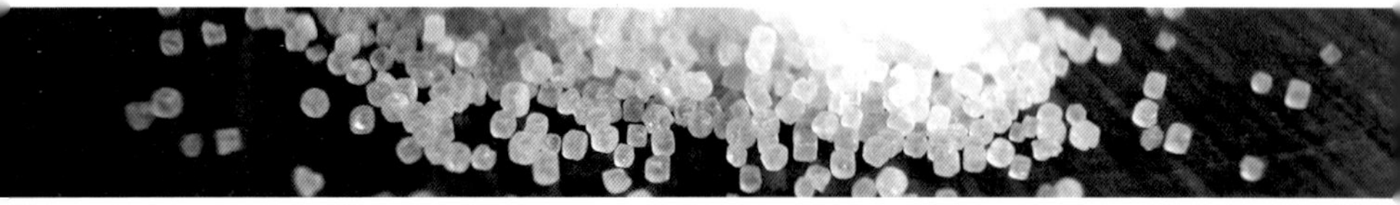

Salzarm Salz begegnet uns in fast jedem Rezept – in Island speziell bei Pökelfleisch und Klippfisch, wo man mehr damit zu tun hat, das Salz aus den Speisen wieder zu entfernen. Das war nicht immer so: der Mangel an Salz hat die isländische Küche wahrscheinlich viel mehr beeinflusst als sein Vorhandensein, vor allem bei den Konservierungsmethoden. Traditionell wurden Fleisch, Innereien, Würste, aber auch Gemüse, Milchprodukte und sogar Seehundflossen durch Milchsäure haltbar gemacht und heißen dann *súrmeti* oder *súrmatur*. Fleisch wurde außerdem geräuchert, Fisch an der Luft getrocknet.

Über die Gründe dafür gehen die Meinungen auseinander. Während die einen anführen, dass die Dänen als Kolonialmacht den Isländern das Salz verboten (damit sie nicht eigenständig ihre Haupt-Exportware, nämlich eingesalzenen Fisch, herstellen und wirtschaftliche Unabhängigkeit erlangen konnten), weisen die anderen darauf hin, dass die Nachfahren der norwegischen Siedler seit Jahrhunderten so erfahren waren im Konservieren mit Molke, Rauch und Luft, dass sie getrost auf die Variante mit dem Salz verzichten konnten. Je nach Hintergrund des Betrachters stehen die Isländer in Bezug auf Salz also entweder als unterdrücktes oder als konservatives Volk da.

Die Salzgewinnung hinter dem Rücken der Kolonialherren wäre in kleinem Rahmen auch mit geringen Mitteln möglich gewesen, schließlich bietet Island Meerwasser und Erdwärme. Allerdings war die Not über viele Jahrzehnte, sogar Jahrhunderte, so groß, dass für Innovation kein Raum blieb.

Pökelfleisch und Erbsen

Saltkjöt og baunir

1	Porree
200 g	gelbe Schälerbsen
1½ kg	gepökeltes Lamm oder magerer Räucherschinken
2 TL	(isländischer) Thymian
400 g	Kohlrüben
400 g	Kartoffeln
250 g	Karotten
	Pfeffer und Salz

Wenn das Fleisch (*saltkjöt*) nur mild gesalzen ist, kann es in der Suppe garen, ansonsten kocht man es separat bis auf ein kleines Stück. Am besten bereitet man das Gericht am Vortag zu. Es wird traditionell am Dienstag vor Aschermittwoch (*sprengidagur*) serviert.

Porree in Scheiben schneiden. Erbsen in einen großen Topf geben, 1¾ l Wasser dazugeben und aufkochen. Schaum abschöpfen, das kleine Stück Fleisch, Porree und Thymian hineingeben und etwa eine Stunde köcheln lassen.

Währenddessen restliches Fleisch am Stück in einem anderen Topf mit Wasser bedecken, aufkochen und köcheln lassen, bis es zart ist, und das Gemüse schälen und würfeln.

Gemüse zu den Erbsen geben und weitere 30 Minuten köcheln lassen, dabei ab und zu umrühren und Wasser hinzufügen, wenn die Suppe zu dick wird. Mit Pfeffer und Salz abschmecken und Suppe und Fleisch auf getrennten Tellern servieren.

Panierte Lammkoteletts

Lambakótilettur í raspi

20	Lammkoteletts
4 EL	Milch
2	Eier
200 g	Semmelbrösel
3 EL	Parmesan, gerieben
100 g	Mehl
	Salz und Pfeffer
	Öl

Ofen auf 180° C vorheizen. Währenddessen Mehl mit Salz und Pfeffer in einem Teller mischen. In einem zweiten Teller Milch und Ei mischen. Semmelbrösel mit Parmesan gemischt auf einen weiteren Teller geben. Nur grob das überschüssige Fett von den Koteletts entfernen, sonst wird das Fleisch trocken. Koteletts in Mehl wenden. Kurz in die Milch-Ei-Mischung tauchen, dann in den Semmelbröseln wenden, so dass die Koteletts rundum bedeckt sind. Wenig Öl in einer Pfanne erhitzen und die Koteletts auf jeder Seite etwa 2 Minuten anbraten, dann in eine feuerfeste Form geben, in den Ofen schieben und darin 10 Minuten lang fertig garen lassen. Als Beilage: zuckerglasierte Kartoffeln, Rotkohl und Rhabarbermarmelade.

Warum isländisches Lammfleisch so gut ist: Weil die Lämmer sich ihr Futter in der Wildnis selbst aussuchen. Weil Gräser, Kräuter und Wasser unbelastet von Schadstoffen sind, und weil die Lämmer nicht mit Wachstumshormonen (sie sind verboten), Antibiotika oder Schädlingsgiften in Berührung kommen. Isländisches Lammfleisch ist daher eher mit Wild zu vergleichen als mit Lamm aus Europa oder Neuseeland.

Geflügel

Das Märchen vom Schneehuhn

Eines Tages rief die Jungfrau Maria alle Vögel zu sich. Als die Vögel zu ihr kamen, gebot sie ihnen, durchs Feuer zu gehen. Die Vögel wussten, dass Maria die Königin des Himmels und sehr mächtig war.

Darum wagten sie nicht, sich ihrer Anweisung zu widersetzen, und sprangen nun alle ins Feuer und liefen hindurch, alle bis auf das Schneehuhn. Im Feuer verkohlten die Federn an ihren Füßen, und seither und bis zu diesem Tag haben die Vögel keine befiederten Beine mehr, sondern nackte.

Das Schneehuhn, das sich als einziges geweigert hatte, durch das Feuer zu gehen, erzürnte Maria, und sie erlegte ihm auf, von allen Vögeln der harmloseste und schutzloseste zu sein, und gleichzeitig so verfolgt, dass es jeden Tag außer an Pfingsten um sein Leben fürchten müsse, und dass der Falke, der bisher sein Bruder gewesen war, von nun an sein größter Feind werden sollte. Des Schneehuhns einziger Schutz sollte es fortan sein, die Farben seines Gefieders wechseln zu können, um dem scharfen Auge des Falken im Winterschnee und im Sommer in der Heide entgehen zu können.

Aber auch das hat nicht verhindert, dass der Falke das Schneehuhn bis heute jagt, tötet und frisst, und erst bemerkt, dass es seine Schwester ist, wenn er das Herz aus ihm herausreißt, und es bereitet ihm jedes Mal so viel Gram, wenn er ein Schneehuhn geschlagen und ihm das Herz herausgerissen hat, dass er vor Trauer noch lange erbärmlich heult.

Blaubeer-Hähnchen

Bláberjakjúklingur

4	Hähnchenbrustfilets
1 TL	Texmex-Gewürzmischung
1 TL	Olivenöl
3	Knoblauchzehen
1	Zwiebel
75 ml	Rotwein
150 g	Blaubeeren, frisch oder aufgetaut
1 TL	abgeriebene Zitronenschale
	Salz und Pfeffer

Filets mit dem Texmex-Gewürz bestreuen. Öl in der Pfanne erhitzen, Filets bei guter Hitze auf jeder Seite etwa 4 bis 7 Minuten braten, je nach Dicke. Währenddessen Knoblauchzehen und Zwiebel schälen und die Zwiebel fein würfeln. Hähnchen aus der Pfanne nehmen und mit Alufolie abgedeckt warmhalten. Knoblauch in die Pfanne pressen, Zwiebelwürfel dazugeben und anschmoren. Mit Rotwein ablöschen und einkochen lassen, dann die Blaubeeren mit der Zitronenschale dazugeben und 5 Minuten bei guter Hitze garen. Beeren dabei mit einer Gabel zerdrücken. Sauce mit Salz und Pfeffer abschmecken, auf Tellern verteilen und die Hähnchenbrust darauf anrichten. Mit Ofenkartoffeln, Rohkostsalat und Rhabarbermarmelade servieren.

Weitverbreitete Gerüchte und was wirklich dran ist. „Isländer haben die besten Rohstoffe, deshalb essen sie so gesund." Nicht unbedingt. Während ein Isländer durchschnittlich im Jahr zwar 182 Liter Milch zu sich nimmt, so trinkt er im gleichen Zeitraum auch 163 Liter Softdrinks (Europa-Rekord).

Falsches Schneehuhn

Svikin rjúpa

Ersatz für 1 Schneehuhn

Schneehuhn ist ein beliebtes isländisches Weihnachtsessen, zu beliebt, denn der Bestand ist stark zurückgegangen. Deswegen werden Moorschneehühner aus Schottland importiert.

In Europa kann man im Herbst außerdem die verwandten Haselhühner kaufen, aber am besten bereiten Sie Falsches Schneehuhn mit einem gezüchteten Rebhuhn zu, um nicht den Teufel mit dem Beelzebub auszutreiben und die europäischen Wildbestände ebenfalls zu gefährden.

Schneehühner sind so aromatisch, dass man sie nicht speziell mariniert. Man kann den intensiven Geschmack nicht original nachbilden, sich aber annähern.

Sammeln Sie im Sommer und Herbst Kräuter für die Marinade. Für ein Rebhuhn, das zwischen einem halben und einem Pfund wiegt, brauchen Sie etwa eine Handvoll trockene Zutaten, davon etwa die Hälfte Pilze. Zum Beispiel getrocknete Blätter von Angelika, Heidelbeere, Krähenbeere, isländischem Thymian, Johannisbeere und Silberwurz oder Weinblätter. Der Phantasie sind hier wenig Grenzen gesetzt, auch wenn Sie Wildkräuter bevorzugen sollten. Nehmen Sie aber auf jeden Fall die Kräuter, die Sie mögen. Wenn sie einen intensiven Geschmack haben, nehmen Sie nur wenig davon. Das gilt zum Beispiel für Salbei und Rosmarin.

Bei den Pilzen bieten sich getrocknete Birkenpilze, Butterpilze und Steinpilze an. Mischen Sie ruhig auch ein bisschen kleingeschnittene getrocknete Algen dazu.

Einen oder zwei Tage, bevor das Falsche Schneehuhn auf den Tisch kommen soll, überbrühen Sie die Kräuter, Pilze und Algen mit heißem Wasser, so dass sie gerade bedeckt sind und lassen Sie sie abgedeckt wenige Stunden ziehen. Wasser abschütten und evtl. für die Sauce aufbewahren. Die Kräutermischung mit 60 g Heidelbeeren pürieren, im Mörser zerstampfen oder sehr fein zerkleinern und 2 EL Öl daruntermischen. Mit einem Hauch Meersalz und Pfeffer würzen.

Rebhuhn waschen und trockentupfen, rundum mit der Marinade bestreichen und fest in Folie einwickeln. In der kältesten Zone des Kühlschranks ein oder zwei Tage lang ruhen lassen.

Vor dem Braten die Marinade abstreifen, aber aufbewahren. Den Ofen auf 200° C vorheizen, währenddessen das Rebhuhn in der Pfanne rundum gleichmäßig anbraten. Vom Herd nehmen, salzen und pfeffern, dann in den Bräter legen und 10 Minuten im Ofen garen. Ofen ausschalten und das Rebhuhn bei leicht geöffneter Ofentür noch 5 Minuten ruhen lassen.

In der Zwischenzeit in der Pfanne Schalottenringe in 1 EL Butter anschmoren, mit etwas Portwein ablöschen, aufkochen lassen und reduzieren, mit Wildfond oder Hühnerbrühe ergänzen und mit den Resten der Marinade, 1 TL Johannisbeergelee sowie Meersalz und weißem Pfeffer würzen.

Pflücken Sie keine Heidelbeer-Blätter, die aufgedunsen wirken und rötlich angelaufen sind: Sie sind von einem Schimmelpilz befallen, der sich auf Heidelbeeren spezialisiert hat.

Von Null auf Hundert Die Geschichte der isländischen Kochkunst ist kurz, dafür fulminant. Sie war bis ins 20. Jahrhundert vor allem vom Hunger geprägt. Das Land bot den aus Norwegen kommenden Siedlern nicht viel: Das einzige Säugetier, das die Wikinger bei ihrer Ankunft in Island vorfanden, war der Polarfuchs. Sie brachten daher eigene Nutztiere mit. Schafe, Ziegen, Pferde, Kühe, Hühner und Schweine, wahrscheinlich auch Gänse und Enten.

Hatten die Wikinger zunächst noch versucht, so zu wirtschaften und zu kochen, wie sie es vom skandinavischen Festland gewohnt waren, mussten sie in den nächsten Jahrhunderten auf immer mehr verzichten. Innerhalb kurzer Zeit war die gesamte Insel abgeholzt, anderes Brennmaterial gab es kaum. Weil sie so abgeschieden lag, erreichten sie nur wenige Handelsschiffe. Katastrophen wie Vulkanausbrüche, aber auch schleichende Klimaveränderungen wie die „kleine Eiszeit" im Mittelalter, ließen alte Kulturtechniken in Vergessenheit geraten. Ziegen und Schafe wurden nicht mehr gemolken, Hühner starben fast aus, Schweine und Mastgänse ganz. Wie man Käse herstellt, wurde nicht mehr überliefert. Niemand baute mehr Getreide an, und das Mehl, das aus Skandinavien und England importiert wurde, war so schlecht, dass bald keiner mehr damit buk. Zucker und Salz waren überhaupt nicht zu bekommen. Das Wissen um essbare Pilze ging verloren.

Die isländische Ernährung beschränkte sich im Wesentlichen auf drei Dinge. Zunächst Fischprodukte, vor allem Stockfisch. Dann wurden alle, aber wirklich alle Teile des Schafes gegessen. Aus der Kuhmilch wurde zu guter Letzt *skyr* hergestellt, bei dessen Produktion Molke abfällt, die wiederum als Getränk und Konservierungsmittel für das Fleisch genutzt wurde. Dass das vorliegende Island-Kochbuch trotzdem nicht aus Anleitungen zum Fisch trocknen besteht, ist den Isländern zu verdanken, die ab Ende des 19. Jahrhunderts mit immer größer werdenden Schritten in die Moderne preschten. Schulbildung, aber auch Volksaufklärung in Sachen Gesundheit und Ernährung sowie die zahlreichen Frauen- und Gartenbauvereine, die damals entstanden, trugen in einer Periode des Aufbruchs dazu bei, neue Kenntnisse zu vermitteln.

Heutige Isländer sind, was Technisches betrifft, sogenannte *early adopters*. Sie lieben High-Tech und Lifestyle. Das gilt auch für die Küche. Das Angebot an Lebensmitteln, die man im Supermarkt kaufen kann, ist groß geworden. Ständig werden neue isländische Worte ge- oder erfunden für etwas, das es hier vorher noch nicht gab: *spergilkál* („Spargelkohl") für Broccoli, *jöklasalat* („Gletschersalat") für Eisbergsalat oder *lárpera* („Lorbeerbirne") für Avocado.

Seevogel auf nordisländische Art

Svartfugl á norðlenska vísu

2 Tordalken oder Trottellummen, ausgenommen und gerupft
½ l Milch
2 dünne Scheiben grüner Speck
30 g Butter
1 l Fleischbrühe, mild
2 Zwiebeln
1 Lorbeerblatt
5 Wacholderbeeren
1 TL Thymian
Salz und Pfeffer
4 Karotten
2 Lauch- oder Selleriestangen
25 g Mehl
50 ml Schlagsahne oder Creme fraiche
1 TL Johannisbeergelee

Für dieses traditionelle Rezept kann jede in Island erhältliche Art von Seevögeln (Alken) verwendet werden. Da ihr Fleisch ein starkes Aroma hat, werden Alken über Nacht in Milch eingelegt: das Geflügel in eine Schüssel legen, mit Milch übergießen und mit kaltem Wasser auffüllen, bis sie bedeckt sind. Abdecken und kaltstellen.

Am nächsten Tag Geflügel trockentupfen und mit dem Speck bardieren, also die Scheiben mehrfach schräg einschneiden und auf die Brust des Seevogels legen, dann mit Küchengarn verschnüren, aber nicht zu fest.

In einem Bräter, am besten einem gusseisernen, ganz wenig Butter zerlassen und die Vögel darin nacheinander bei gu-

ter Hitze rundum gleichmäßig anbraten, dann beide mit der Brustseite nach unten hineinlegen und mit lauwarmer Brühe aufgießen, bis sie bedeckt sind. Aufkochen lassen und Schaum abschöpfen.

Zwiebeln schälen und ganz in den Bräter geben. Mit Lorbeer, Wacholderbeeren, Thymian und Pfeffer würzen. Zugedeckt bei geringer Hitze etwa eine Stunde köcheln lassen. Währenddessen Gemüse putzen und in Scheiben schneiden, zur Suppe geben und weitere 30 Minuten köcheln lassen. Brühe abgießen und aufbewahren, Geflügel und Gemüse im Ofen warmhalten.

In einer Pfanne die restliche Butter zerlassen, Mehl hineinrühren und anschwitzen, bis es goldgelb ist, dann unter Rühren nach und nach etwas von der Seevogelbrühe dazugeben (Menge nach Belieben) und ein paar Minuten einkochen lassen. Mit Sahne, Gelee, Salz und Pfeffer abschmecken.

Man jagt, solange man kann: Obwohl die Wildgans auf der Liste der bedrohten Arten steht, weil ihr Bestand in den 1990er Jahren um mehr als 20% zurückging, werden weiterhin jährlich etwa 40.000 Gänse gejagt. Nicht besser ist die Situation bei der Mantelmöwe (12.000 im Jahr, gilt als gefährdet), und beim Kolkraben, dessen Bestand ebenfalls stark dezimiert wurde. Trotzdem werden noch über 3200 Raben im Jahr geschossen, obwohl sie als ungenießbar gelten. Beide werden bekämpft, damit sie nicht die Gelege von Nutztieren wie z. B. der Eiderenten ausräubern. Die 150.000 jährlich geschossenen Schneehühner waren jedenfalls derart zuviel, dass 2003 ein absolutes Jagdverbot verhängt wurde, das bis 2005 galt. Die Jagd auf Blässgänse ist seit 2006 verboten.

Barbecue-Hähnchen

Bar-bí-kjúlli

1	Hähnchen, in kleine Teile zerlegt
100 g	brauner Zucker
100 g	Aprikosen- oder Rhabarbermarmelade
250 ml	Ketchup
125 ml	dunkle Sojasauce
2 EL	Butter
1 EL	süßer Senf
1 EL	Worcestershire-Sauce

Alle Zutaten bis auf das Hähnchen in einem Topf mischen und kurz aufkochen. Hähnchenteile darin schwenken, alles in eine feuerfeste Form füllen und bei 180° C auf der mittleren Schiene im Ofen etwa 40 bis 45 Minuten backen. Dazu reicht man Reis oder Pommes frites und einen frischen Salat.

Die isländischen Hühner sind ebenso reinrassig wie die weitaus bekannteren Islandpferde. Die „Landnahmehühner“ genannte Rasse (*landnámshænsni*) zeichnen sich wie diese – und auch wie die isländischen Kühe – durch eine große Farbvielfalt aus. Sie seien „legeträge“, wird ihnen nachgesagt, was Liebhaber der Rasse aber bestreiten. Jedenfalls haben die eingeführten „Weißen Italiener“ die Islandhühner fast verdrängt. Deswegen wurde 2003 ein Zucht- und Liebhaberverband zur Erhaltung der tausend Jahre alten Hühnerrasse gegründet.

Fisch und Meeresfrüchte

Heringssalat, klassisch

Síldarsalat

Curry-Sild

½	Zwiebel
2	hartgekochte Eier
50 g	Mayonnaise
50 ml	*súrmjólk* oder Buttermilch
	Dijon-Senf nach Belieben
	gelbes Currypulver
4	marinierte Heringsfilets (*kryddsíld* oder Bismarck-)

Zwiebel und Eier würfeln. Mayonnaise, *súrmjólk*, Senf und Curry mischen. Hering in Happen schneiden und mit den Zwiebeln und den Eiern zu der Sauce geben.

Klassischer Heringssalat

50 g	Mayonnaise
50 g	saure Sahne
1	Apfel, z. B. Red Delicious
1	eingemachte Rote Bete
4	marinierte Heringsfilets (*kryddsíld* oder Bismarck-)
	Salz und Pfeffer

Dies ist kein wirklich isländisches Rezept, auch wenn manche Isländer es als einen Klassiker empfinden. Mayonnaise und saure Sahne mischen. Apfel schälen und würfeln, Rote Bete würfeln. Hering in kleine Happen schneiden. Alles vorsichtig vermischen und abschmecken.

Heringssalat, modern

Nýmóðins síldarsalat

Bananen-Sild

4	marinierte Heringsfilets (*kryddsíld* oder Bismarck-)
50 g	Mayonnaise
50 g	saure Sahne
1 EL	Mango-Chutney
½ TL	Paprikapulver
½ TL	Zitronensaft
1 EL	Zucker
1	Banane

Hering mit Küchenkrepp abtupfen und in Happen schneiden. Alle Zutaten für die Sauce mischen, Hering damit bedecken. Banane in Scheiben schneiden und zum Hering geben.

Sherry-Sild

1	große rote Zwiebel
1 dl	Sherry
5 EL	Sonnenblumenöl
3 EL	Kräuteressig
1 EL	Tomatenmark
4	marinierte Heringsfilets (*kryddsíld* oder Bismarck-)
	Salz und Pfeffer

Zwiebel würfeln oder in Ringe schneiden und zugedeckt eine Weile im Sherry ziehen lassen. Dann Öl, Essig und Tomatenmark dazugeben und gründlich verrühren. Hering in Happen schneiden, in die Sauce geben und mit Salz und Pfeffer abschmecken.

Präsidentenfisch

Forsetafiskur

600 g	Filet vom Steinbeißer, ersatzweise Schellfisch, ohne Haut
2	grüne Äpfel
1	grüne Paprika
6	Baconscheiben
6 EL	Butter
4 EL	Weizenmehl
125 g	Camembert
50 g	Reibkäse

Äpfel schälen, entkernen und ebenso wie die Paprika würfeln. Jede Baconscheibe in vier Stücke schneiden und in einer großen Pfanne mit wenig Butter andünsten, dann Äpfel und Paprika daruntermischen, in eine ofenfeste, große Schüssel geben und zugedeckt stehen lassen, während der Fisch in kleine Happen geschnitten wird. Dabei das überschüssige Fett in der Pfanne lassen.

Mehl auf einem Teller verstreuen, nach Belieben pfeffern und die Fischstücke darin wenden. Den Rest der Butter in der Pfanne zerlassen. Den Fisch bei geringer Hitze darin anbraten, bis er ganz leicht goldene Farbe annimmt.

Den Fisch zum Gemüse in die Form geben, gut mischen, den Camembert in kleinen Stückchen darüberstreuen und mit dem geriebenen Käse abschließen. Auf mittlerer Schiene im Ofen bei 180° C etwa 20-30 Minuten backen, oder bis der Käse eine schöne Farbe angenommen hat.

Saibling im Erdnuss-Gewand

Bleikja í salthnetum

4	Filets vom Saibling, ersatzweise Lachsforelle
150 g	gesalzene Erdnüsse
	Öl

Die Erdnüsse sehr fein zerstampfen, zum Beispiel im Mörser oder Gefrierbeutel. Jedes Filet in drei gleich große Stücke teilen und in den Erdnüssen wälzen. In einer Pfanne mit etwas Öl bei mittlerer Hitze schön braun braten.

Dazu reicht man rustikale Pommes frites, Salat und eine Zitronenscheibe.

Gegrillter Heilbutt

Glóðuð lúðuflök

800 g Filets vom Schwarzen Heilbutt, ersatzweise Schellfisch

für die Marinade

- 4 EL Öl
- 2 EL Zitronensaft
- ½ TL Knoblauchpulver
- ½ TL Salz
- 1 TL frischer Thymian, gehackt

für die Sauce

- 4 EL Buttermilch
- 4 EL Crème fraiche oder Dickmilch
- 4 TL Salat-Mayonnaise
- 2 TL Dijon-Senf
- Dill, gehackt, nach Belieben

Der Fisch muss mindestens eine Stunde vor der Zubereitung mariniert werden. Dafür die Marinade-Zutaten mischen, eine flache, ofenfeste Form mit einem Hauch Öl einpinseln, die Filets hineinlegen und mit der Marinade bestreichen. Zugedeckt kalt stellen und ziehen lassen.

Die Zutaten für die Sauce mischen, mit Salz und Pfeffer abschmecken und bis zum Servieren kalt stellen.

Ofen auf 250° C vorheizen. Den Fisch in der Form auf der mittleren Schiene 10-15 Minuten grillen, je nach Dicke der Filets. Mit Kartoffeln, Sauce und Karottensalat (1 Pfund geriebene Karotten mit 2 EL Öl, 1 EL Zitronensaft und 1 TL Zucker mischen) servieren.

Gebeizter Saibling

Grafin bleikja

als Vorspeise für 4 Personen

1 Saibling- oder Lachsforellenfilet, ohne Haut
Salz und Pfeffer
1 kleine Zitrone
3 EL Camus Cognac
1 EL süßer feiner Senf
1 EL scharfer Senf

Filet mit Küchenkrepp abtupfen, auf beiden Seiten salzen und pfeffern. Zitrone auspressen. 3 EL Zitronensaft mit dem Cognac mischen und beidseitig auf das Filet träufeln. Eine Weile ruhen lassen. Währenddessen Senf mit dem restlichen Zitronensaft mischen, dann das Filet auf einer Seite mit der Hälfte davon bestreichen, mit der unbestrichenen Seite nach oben auf ein Stück Frischhaltefolie legen und die Oberseite ebenfalls bestreichen. Filet einmal zusammenklappen und fest in die Folie einwickeln. Auf einen Teller legen und über Nacht im Kühlschrank ziehen lassen, dabei mit einem zweiten Teller o. ä. beschweren.

In Scheiben schneiden und auf dünnen Zucchinistreifen (gebraten und abgekühlt) anrichten.

Sie müssen keine Bedenken wegen der Hygiene haben, wenn Sie Fisch servieren, ohne ihn zu garen. Sie schützen sich ganz einfach, aber wirkungsvoll, indem Sie den Fisch vor der Zubereitung einfrieren. Denken Sie daran, dass es längere Zeit dauert, bis der Fisch ganz durchgefroren ist, das heißt auch im Inneren -18° Celsius hat. Das Auftauen dauert bei Zimmertemperatur etwa ein bis zwei Stunden. Besser für das Aroma ist aber das langsamere Auftauen im Kühlschrank.

Schollenrollen in Garnelensauce

Rauðspretturúllur með rækjum

4	Schollenfilets, ohne Haut
	Salz und Pfeffer
1 EL	Zitronensaft
150 g	Schmelzkäse, Holländer
100 g	Eismeergarnelen, geschält
3 TL	Schnittlauch, gehackt
2 dl	Milch

Ofen auf 200° C vorheizen. Filets mit Salz und Pfeffer bestreuen und mit Zitronensaft beträufeln. Käse mit Garnelen und Schnittlauch vermengen und die Hälfte davon auf die Filets verteilen. Filets aufrollen und in eine kleine feuerfeste Form legen. Den restlichen Garnelenkäse mit der Milch verrühren und über den Fisch gießen. Die Form mit einem Deckel oder Alufolie verschließen und auf der unteren Schiene 15 bis 20 Minuten backen. Dazu Reis oder mit Butter bestrichenes frisches Brot servieren.

Gebratene Fischbällchen

Fiskibollur

1	Zwiebel
500 g	Fischfilet ohne Haut, am besten Schellfisch
1	Ei
3 EL	Weizenmehl
3 EL	Kartoffelstärke
1 TL	Salz
	Pfeffer
	gelbes Currypulver
	Muskat
	Öl oder Butter zum Braten

Zwiebel schälen und grob hacken, mit Fisch, Ei, Mehl und Stärke mit dem Pürierstab in einer hohen Schüssel oder in einem Standmixer gut durchpürieren. Mit Salz und Gewürzen abschmecken und mit etwas Milch verdünnen, falls nötig.

Die Masse muss fest genug sein, um mit zwei Esslöffeln daraus Klöpse zu formen, die in heißem Fett in der Pfanne etwa 3 Minuten auf jeder Seite gebraten werden, bis sie eine hellbraune Farbe angenommen haben. Fertiggebratene Fischbällchen werden auf einem Teller im Backofen (100° C) warmgehalten.

Als Beilage: Pellkartoffeln oder Ofenkartoffeln, Gemüse und geschmolzene Butter, in der man einige Minuten vor dem Servieren 2 TL seiner Lieblingskräuter schmoren lässt (gut eignet sich Estragon). Alternativ Käsesauce, oder ganz schlicht einfach *rúgbrauð* mit (gesalzener) Butter bestrichen.

Fisch in Hummersauce

Fiskur í humarsósu

1 kg	Fischfilet, z. B. Wittling, Steinbeißer, Seehecht
	Salz und Pfeffer
250 g	Karotten
100 g	Mozzarella
1	Dose Hummersuppe (400 ml)
5 EL	Weißwein
1 dl	Schlagsahne
1 TL	Knoblauchpulver
100 g	Eismeergarnelen, geschält

Filets in etwa handtellergroße Teile schneiden, nur ganz leicht salzen und pfeffern und in eine feuerfeste Form legen. Karotten schälen und in dünne Scheibchen schneiden, Mozzarella etwa zuckerwürfelgroß stückeln.

Hummersuppe mit Wein, Sahne und Knoblauchpulver mischen, Karotten, Mozzarella und Garnelen hineingeben und über den Fisch schütten. Behutsam ein wenig mischen. Auf der mittleren Schiene bei 180° C im Ofen 45 Minuten backen, die erste Hälfte der Zeit mit Deckel, die zweite ohne. Dazu servieren: Weißbrot oder Baguette und einen fruchtigen Rohkostsalat.

Die Seeleute haben ihren eigenen gesetzlich festgelegten Feiertag. *Sjómannadagurinn*, der Seemannstag, wird am ersten Sonntag im Juni gefeiert, außer wenn Pfingsten auf diesen Tag fällt, dann verschiebt sich der Seemannstag um eine Woche nach hinten. Kein Fischereischiff darf an diesem Tag auf See sein! Alle Schiffe im Hafen werden geschmückt.

Ragout fin von Garnelen

Rækjur í brauðkollum

für 12 Pastetenförmchen

½	Zwiebel
1	Paprika
150 g	Champignons
60 g	Butter
150 g	Erbsen
500 g	Eismeergarnelen, geschält, frisch oder aufgetaut
100 ml	Milch
2 EL	Stärke
300 g	Frischkäse, z. B. Exquisa
2 EL	Petersilie, gehackt
2 EL	Weißwein oder Molke
	gelbes Currypulver
12	Blätterteig-Pastetenförmchen

Zwiebel und Paprika fein würfeln. Pilze putzen und in Scheibchen schneiden. Hälfte der Butter in einer Pfanne erhitzen, bis sie schäumt, dann das Gemüse dazugeben und unter Wenden anschmoren. Garnelen gut abtropfen lassen, dann zum Gemüse geben, kurz erhitzen, aus der Pfanne nehmen und unter einem Deckel warmhalten, aber nicht zu heiß! Pastetenförmchen währenddessen im Ofen erhitzen.

Milch und Stärke verrühren, in die Pfanne geben und unter Rühren andicken lassen. Restliche Butter und Frischkäse dazugeben, erhitzen, bis der Frischkäse geschmolzen ist.
Mit Salz, Pfeffer, Petersilie, Wein und einer Prise Curry abschmecken. Garnelen und Gemüse wieder dazugeben und gut mischen. Pastetenförmchen auf die Teller setzen und mit der Shrimps-Gemüsemischung füllen. Dazu Reis reichen, der mit geriebenem Käse gemischt wurde.

Ein Strauß Algen

Ein Strandspaziergang lohnt sich auch an steinigen Ufern. Dort kann man nämlich Algen sammeln, von denen es etwa 20 essbare Sorten an Islands Küsten gibt. Seit der Landnahmezeit werden sie gesammelt, getrocknet und als Gemüse oder Gewürz gegessen, wenn auch heute nicht mehr in so großem Maß wie damals. Man knabberte die trockenen Algen als Snack, oder würzte Fischsuppen damit.

Von den vier wichtigsten Arten wurde die Rotalge Palmaria (Palmaria palmata, *söl*) am meisten genutzt. Man kann sie in Mitteleuropa unter dem englischen Namen Dulse oder Dillisk, was aus dem Irischen stammt, im Reformhaus oder Bioladen kaufen. In Island kann man sie am besten bei Niedrigwasser im Spätsommer und Herbst sammeln, vor allem in der Ölfus-Region und auf den Westmänner-Inseln. Die Alge ist rot, wenn sie im Meer wächst, und gelblich oder grün, wenn sie viel Sonnenlicht ausgesetzt ist.

Weitere Algen, die man sammeln kann, sind Flügeltang (Alaria esculenta, *marinkjarni*), eine Braunalge, ähnlich wie Wakame aus dem Asia-Shop, die in Island aber vor allem als Viehfutter genutzt wurde, und die Rotalgen Knorpeltang, bekannter als Irisch Moos (Chondrus crispus, *fjörugrös*) und Nadeltang (Mastocarpus stellatus, *sjóarkræða*).

Neuerdings laufen in Island Untersuchungen, ob die aus Japan kommenden Produkte Nori und Kombu nicht auch aus den einheimischen Algensorten Zucker- und Porphyrtang hergestellt werden können. Nori wird für Sushi-Rollen verwendet.

Lachsforelle auf Algensauce

Silungur með sölvasósu

4 Forellenfilets, insgesamt 800 Gramm
400 ml Molke
½ TL Salz
1 EL Zucker
1 kleine Stange Porree
½ Handvoll getrocknete Palmaria (10-20 Gramm)
200 g Butter

Filets abspülen und in Happen schneiden, dabei Gräten entfernen. Mit Molke, Salz und Zucker aufsetzen und kurz aufkochen lassen, dann vom Herd nehmen und mit Deckel weitere 5 Minuten ziehen lassen, schließlich aus der Flüssigkeit nehmen und im Ofen warmhalten.

Die Molke bei hoher Hitze auf weniger als die Hälfte einkochen lassen, währenddessen den Porree putzen und in Scheiben schneiden, die Algen abspülen, fein hacken und beides kurz in der Molke mitkochen lassen. Topf vom Herd nehmen und die Butter in kleinen Stückchen kräftig hineinrühren, bis die Sauce sämig wird. Forelle auf der Sauce anrichten und mit Kartoffeln und Gemüse servieren.

Der Große Fischtag, *fiskidagurinn mikli*, findet Anfang August im Fischereistädtchen Dalvík (1500 Einwohner) statt. An diesem Tag sind alle Menschen eingeladen, Dalvík zu besuchen und kostenlos soviel zubereitete Gerichte mit Fisch und Meeresfrüchten zu essen wie sie wollen. Im ersten Jahr der Veranstaltung kamen 6000 Besucher, im dritten schon 23.000! Nicht verwunderlich, denn die kulinarische Leitung unterliegt dem Chefkoch eines Reykjavíker Spitzenrestaurants.

Tausend und eine Party

Es gibt so viel mehr als die offiziellen oder kirchlichen Feiertage. Manche Isländer werden überzeugt vortragen, die Tatsache, dass es Freitag ist, sei genug Grund zum Feiern. Wenn Ihnen das nicht reicht, um Freunde einzuladen, Brot-Gratin und Garnelensalat auf Salzkräckern aufzutischen und neue Cocktails auszuprobieren, dann kommen hier ein paar gute Gründe dafür:

Im Mai lockt der Eurovision Song Contest, weil „Iceland... twelve points, l'Islande... douze points" das beste ist, was fremdländische Moderatoren in einer Sendung wiederholen können. Die Miss-World-Wahl im Herbst, denn schon dreimal hat eine Isländerin gewonnen. Oder die Handball-EM.

Zu modern? In den tiefen Fjorden in Ost- und Westisland feiern die Menschen im Januar mit *sólarkaffi*, dass die Sonne wieder über den Berggipfel steigt, nachdem sie oft wochenlang nicht richtig zu sehen war. Pfannkuchen mit Sahne und viel Kaffee werden serviert, um das Ende des dumpfen Lichtmangels zu begrüßen.

Ein alter Feiertag heißt Herrentag, *bóndadagur*. Er wurde Ende Januar, am Mittwintertag, dem ersten Tag im Monat *þorri*, gefeiert, und die Frauen sollten ihren Männern etwas Gutes tun. Es gibt auch Überlieferungen, die besagen, dass es genau andersherum war. Das gleiche gilt allerdings für das Pendant, den Damentag *konudagur* Ende Februar.

Und dann gibt es ja noch die „richtigen" Feiertage, angefangen mit dem Dreikönigstag *þrettándinn*, an dem der letzte der Weihnachtskerle geht und mit riesigen Feuern die Weihnachtszeit beendet wird, bis zum ersten großen Highlight im späten Winter, *Þorrablót*, was gar nicht so traditionell ist, wie viele glauben. Aber das macht nichts, man trifft sich zu schaurig-sauren Hammelhoden, Stockfisch, *hangikjöt* und anderen altmodischen Speisen wie Blut- und Leberwurst, und spült mit *brennivín* nach.

Karneval in Reykjavík zieht keine Besuchermassen an wie Rio, nicht mal wie Köln, aber das Brauchtum wird auch hier gepflegt. Der Rosenmontag heißt *bolludagur* nach den Krapfen (*bollur*), die massenweise gegessen werden, *sprengidagur* heißt der Dienstag, an dem Pökelfleisch und Erbsen auf dem Speiseplan stehen, möglicherweise, weil die Menschen nun bald aus den Nähten platzen („Explodiertag").

Was an Ostern zählt, ist die Größe des Ostereis und der Sinnspruch, der darin versteckt ist. Gefühlsmäßig wichtiger ist der erste Sommertag, der auf den ersten Donnerstag nach dem 18. April fällt. Im alten isländischen Kalender gab es nur zwei Jahreszeiten, Sommer und Winter, was den für Mitteleuropäer ungewohnt frühen Beginn einer Jahreszeit, die ohnehin nicht immer den Namen Sommer verdient, erklärt.

Ihre Unabhängigkeit feiern die Isländer am 17. Juni, dem Geburtstag ihres ersten Präsidenten, auch wenn es kein gesetzlicher Feiertag ist. Soft-Eis, Islandfahnen und Grillpartys prägen den Tag.

Neben dem Handelsfeiertag und dem Wochenende davor (*verslunarmannahelgi*), an dem junge Isländer außer Rand und Band sind, gibt es auch beschauliche Anlässe zu feiern. Im August versuchen die kleinen Papageitaucher zum ersten Mal, von den Felsen aus, wo sie geschlüpft sind, ins Meer zu springen – und fallen auf den Westmännerinseln oft einfach auf den harten Boden. *Pysjunætur* heißt die Zeit, in der Kin-

der und Erwachsene den kleinen Vögeln mit Pappkartons zu Hilfe eilen und sie ans Wasser tragen.

Göngur und *réttir*, das Eintreiben und Sortieren des Viehs, das den Sommer im Hochland verbracht hat, hat seinen Platz im isländischen Kalender wie der 17. Juni oder Weihnachten. Dieser tagelange Ausnahmezustand bei Mensch und Tier fällt in die 21. oder 22. Woche des Sommers nach alt-isländischem Kalender, also in den September. Gefeiert wird davor, währenddessen und vor allem danach.

Auch Weihnachten ist extra lang, denn schon am 23. Dezember wird der Heilige Þorlákur geehrt und fermentierter Rochen serviert, der mit Schafsgrieben, Haferflocken, Lebertran und Kartoffeln zu Brei gestampft wird. Nicht jeder mag das, aber jeder riecht es.

Einig sind sich alle beim eigentlichen Krippenfest, denn da sind die Isländer richtig weihnachtsverrückt. Es gibt sogar ein Weihnachtsgeschäft, das ganzjährig geöffnet ist. In dieser Zeit werden viele Klassiker der isländischen Küche zubereitet, *laufabrauð* gebacken, Lammkeulen in den Ofen geschoben, *hangikjöt* gesotten und so gerne Kuchen, Kekse, Torten und Pralinen gegessen, dass sich das Gespräch nach Weihnachten beim Wiederantritt im Büro nur um eins dreht: Diät.

Silvesterfeiern finden privat statt, man schaut Comedy im Fernsehen, was nach angemessenem Alkoholgenuss auch lustig ist, anschließend gibt es Feuerwerk. In der Neujahrsnacht sollte man sich in den Stall schleichen, denn in dieser Nacht kann man die Sprache der Tiere verstehen.

Fisch in grünen Wellen

Allt í grænum sjó

500 g	frischer Spinat, ungeputzt gewogen
1	Stange Porree
4 EL	Öl
3 EL	Weizenmehl
250 g	Schlagsahne
1 dl	Apfelsaft
4 EL	Parmesan, gerieben
1 TL	gelbes Currypulver
	Salz und Pfeffer
600 g	Fisch, z. B. Rotbarsch oder Schellfisch

Spinat putzen und bündelweise in fingerbreite Streifen schneiden. In einem hohen Topf mit ganz wenig Wasser kurz aufkochen, währenddessen Porree in Scheibchen schneiden und im heißen Öl in der Pfanne anschmoren. Mehl darüber streuen, kurz mitschmoren lassen, dann mit Sahne und Apfelsaft unter Rühren ablöschen. Abgetropften Spinat und Parmesan dazugeben, mit Curry, Salz und Pfeffer abschmecken.

Fisch in Happen schneiden und in eine feuerfeste Form legen. Sauce über den Fisch geben und im Ofen bei 180° C etwa 30 Minuten backen.

Souvenir-Tipp: Kaufen Sie Wildlachs oder Möweneier als exklusives Mitbringsel, und greifen Sie im Supermarkt bei den Gewürzmischungen von *Pottagaldrar* zu. *Eftirlæti hafmeyjunnar* und *Fiskikrydd* würzen Fischgerichte, *Lamb Islandia* Lammbraten. Mit *Gravlaxblanda* wird Lachs mariniert, und *Villijurtir* enthält wildwachsende isländische Kräuter.

Feste feiern Vorschlag für ein isländisches Büffet

Räucherlachs

Salat von Eismeergarnelen

Sherry-Hering

kalter Hangikjöt-Aufschnitt

Rentier-Paté

Forellen-Terrine mit Meeresfrüchten

Hangikjöt

Heilbuttsuppe

Gänsebrust

Krustenbraten vom Schwein

Geräucherte Alkenbrust

Rentierfrikadellen in Wildpilzsauce

Roastbeef

Rúgbrauð, Flatkökur, Baguette
Rotkohl
eingelegte Rote-Bete- und Gurkenscheiben
grüner Salat
Mais und Erbsen aus der Dose
Pellkartoffeln, Kartoffeln in Béchamelsauce, Kartoffelpüree und zuckerglasierte Kartoffeln

Laufabrauð
Kleinur
Ris a l'amande
Sahne-Eis
Skyr mit Blaubeeren und Sahne
Schokoladen-Konfekt

Bier, Pilsner, Brennivín, Kaffee, Cola, Limonade, Malzbier

Seeteufel, festlich

Hátíðarfiskur

800 g	Seeteufel, ersatzweise Schellfisch
2	Paprika
1	Lauch
2	Selleriestangen
150 g	Käse, z. B. Búri, Esrom oder Tilsiter
125 g	Kartoffelchips mit Paprika
6 EL	Mehl
25 g	Butter
2½ dl	Sahne
1 dl	Weißwein
1 dl	Fischfond
2 EL	Tomatenmark
½ TL	gelbes Currypulver
½ TL	Fiskikrydd (Pottagaldrar) oder ähnliche Kräutermischung
2 EL	Olivenöl
	Salz und Pfeffer

Seeteufel hat eine außergewöhnlich zähe Haut, die schwer zu entfernen ist. Bitten Sie den Fischhändler, den Fisch entsprechend vorzubereiten. Müssen Sie es doch selbst machen, lösen Sie die Haut (sie hat zahlreiche Schichten!), indem Sie mit einem Finger zwischen Fleisch und Haut entlangfahren, und schneiden Sie abgelöste Stücke mit der Schere weg. Auch die transparent wirkende innerste Hautschicht muss entfernt werden. Verfahren Sie hier genauso, oder verwenden Sie ein flexibles Filetiermesser, um die Haut abzutrennen. Haben Sie nicht Filets, sondern ein ganzes Schwanzstück bekommen, lösen Sie das Fleisch schließlich rechts und links vom Rückgrat. Auch wenn das mühsam klingt – Sie werden mit ungewöhnlich schmackhaftem, zartem Fischfleisch belohnt!

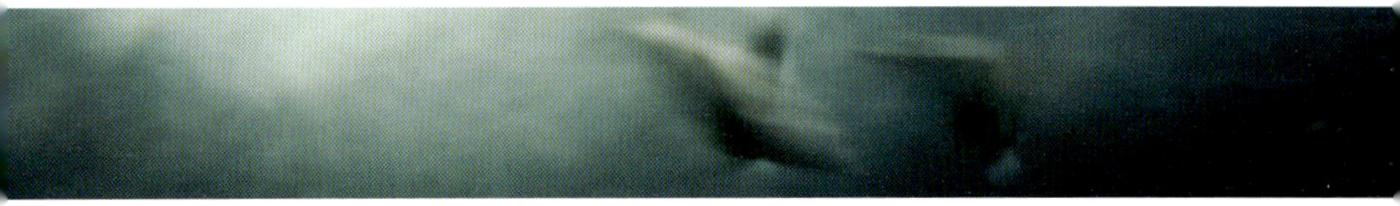

Seeteufelfleisch in etwa 4 cm große Stücke schneiden. Gemüse putzen und würfeln bzw. in Scheiben schneiden. Käse reiben, die Chips fein zerbröseln und mit dem Käse mischen. In einem Teller die Hälfte des Mehls mit Salz und Pfeffer mischen.

Backofengrill vorheizen. Butter in einer Pfanne zerlassen, Gemüse hineingeben und einige Minuten schmoren lassen. Sahne, Wein und Fond angießen, Tomatenmark unterrühren, restliches Mehl darüber stäuben und unter Rühren andicken lassen. Mit Curry, Kräutern, Salz und Pfeffer abschmecken und noch kurz köcheln lassen, dann in eine große feuerfeste Form füllen.

Öl in der Pfanne erhitzen. Fischwürfel im Mehl wenden und rundum braten, dabei den Fisch aber nicht länger als 3 bis 4 Minuten in der Pfanne behalten - er wird sonst zäh. Fisch auf dem Gemüsebett verteilen, mit der Käse-Chips-Mischung bestreuen und im Ofen unter den Grill stellen, bis der Käse geschmolzen ist. Dazu einen frischen Salat reichen.

Aus der Haut vom Steinbeißer stellten die Isländer bis ins 20. Jahrhundert hinein ihre Schuhe her. Allerdings hielten sie langen Märschen im unwegigen Gelände nicht lange stand, weshalb man Entfernungen manchmal in Schuhen angab – in den Westfjorden sprach man zum Beispiel von einer *þriggja skóa heiði*, also der drei-Schuh-langen Heide.

Forelle vom Blech

Ofnbakaður silungur

4 Forellen à 350 Gramm, ausgenommen, ohne Kopf
2 EL isländische Kräutermischung, oder Kräuter der Provence
2 Knoblauchzehen
1 TL Salz
Öl

Backblech mit Öl bestreichen. Forellen außen salzen und pfeffern. In einem Mörser die Kräuter mit Salz und etwas Öl zu einer Paste verarbeiten, die Knoblauchzehen dazugeben und gründlich zerdrücken. Die Forellen innen mit jeweils etwa 1 TL der Mischung bestreichen und nebeneinander auf das Blech legen. Eventuelle Reste der Kräuterpaste auf die Forellen träufeln.

Auf mittlerer Schiene bei 200° C ca. 25 Minuten backen. Zum Servieren schneidet man die Forellen am Rücken entlang 1-2 cm tief ein. Nun kann man das Filet leicht von den Gräten abheben. Beilage: Kartoffeln, Gemüse in Béchamel und *hrásalat*.

Reste von gegartem Fisch werden gerne zu einem „Pflückfisch“ genannten Gericht verarbeitet. Für *plokkfiskur* schmort man Zwiebeln in Butter glasig, überstäubt sie mit Mehl, gießt heiße Milch an und lässt diese Sauce einige Minuten köcheln. Dann gibt man zerpflückte Fischreste und gekochte, gewürfelte oder zerstampfte Kartoffeln dazu (jeweils etwa doppelt soviel wie die Milchmenge) und rührt oder stampft das Gericht, bis es die gewünschte Konsistenz und Temperatur erreicht hat. Mit Currypulver, Pfeffer und Salz abschmecken. Auf Tellern anrichten, in die Mitte eine Kuhle drücken und einen Klecks gesalzene Butter hineingeben. Als Beilage: *rúgbrauð*.

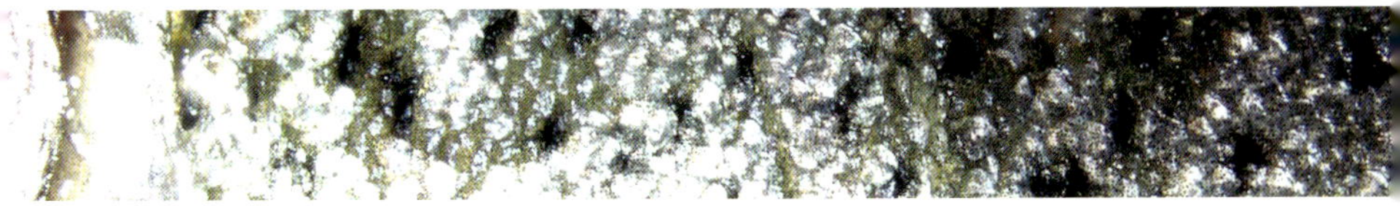

Fang den Fisch

Angeln darf man in Island nur mit der ausdrücklichen Erlaubnis des Landbesitzers, der für die Lizenz meistens Geld verlangt. Auch das Fischen im Meer ist nicht ohne weiteres erlaubt und durch Fischfang am Meeresufer kann man sich strafbar machen! Die einzigen Ausnahmen sind der See Pollur bei Ísafjörður, in dem jeder Forellen fangen darf, und die Hafenbecken, wenn man vom Kai aus angelt.

Durchschnittlich 35.000 Lachse und mehr als doppelt so viele Forellen werden jährlich in Island geangelt. Die Angelsaison für Lachse beginnt am 20. Mai und währt etwas über drei Monate lang bis zum 30. September. Lachs darf nur bei Tageslicht geangelt werden. Die Saison für das Forellenangeln beginnt schon am 1. April, und geht bis zum 10. Oktober. Im Meer darf Lachs schon seit 1931 nicht mehr gefangen werden. Die Regeln, von denen es viele gibt, werden streng überwacht und Verstöße mit empfindlichen Strafen geahndet. Deswegen empfiehlt sich vor dem Angel-Ausflug ein ausführliches Gespräch mit demjenigen, der die Lizenz ausgibt, oder gleich ein Angeltrip mit Reiseleiter.

Hochseefischen, vor allem auf Kabeljau, ist sehr beliebt. Es gibt verschiedene Wettbewerbe und organisierte Touren.

Weil ein Isländer im Hafen der färingischen Hauptstadt Tórshavn anlegte und 60 kg Stockfisch, die er an Bord hatte, nicht beim Zoll deklarierte, bekam er eine Geldstrafe in Höhe von 100.000 Kronen wegen Schmuggels. Der Stockfisch wurde wieder nach Island geschickt.

Heilbuttsuppe

Lúðusúpa

1	Zwiebel
1	Zitrone
18	saftige Backpflaumen, ohne Stein
1 kg	Fischschwänze, -köpfe oder andere Reste
3	Lorbeerblätter
1 TL	Salz
800 g	Heilbuttfilet, ersatzweise Forelle oder Lachs
3 EL	Mehl
2 EL	Butter
1 dl	Molke
3 TL	Zucker

Als Grundlage für die Suppe verwendet man am besten Reste vom Heilbutt oder anderen Plattfischen, aber andere Fische mit mildem, weißem Fleisch tun es auch.

Zwiebel schälen, halbieren und in Scheiben schneiden. Den Saft der Zitrone auspressen. Backpflaumen jeweils in zwei bis drei Teile schneiden und in eine kleine Schüssel geben. Fischschwänze abspülen und mit Lorbeer, Zwiebel, Zitronensaft und Salz in 2 Liter Wasser geben und aufkochen lassen. Sobald das Wasser kocht, gerade soviel davon abschöpfen, dass es reicht, um die Backpflaumen damit zu bedecken. Schüsselchen abdecken und die Pflaumen einweichen lassen.

Der Fischsud muss nun noch 20 Minuten kochen. Währenddessen Heilbuttfilet in Streifen schneiden.

Wenn der Fischsud fertig ist, durch ein feines Sieb gießen und mit der gefilterten Flüssigkeit weiterarbeiten.

Backpflaumen und Fischstücke in die Suppe geben, mit einem Deckel verschließen und aufkochen lassen, dann vom Herd nehmen und etwa 4 Minuten ziehen lassen. Die Fischstücke werden nun wieder heraus genommen und in ein wenig Suppenbrühe warmgehalten.

Butter und Mehl verkneten und in die Suppe rühren, bis die Butter sich aufgelöst hat, dann noch fünf Minuten köcheln lassen. Mit Molke, Zucker und Salz abschmecken.

Herkömmlich wird der Fisch getrennt von der Suppe serviert. Wer es mitteleuropäischer mag, gibt den Fisch mit der Suppe zusammen in einen Teller, oder nimmt ihn erst gar nicht heraus. Dann muss man jedoch sehr zügig arbeiten, damit der Fisch nicht verkocht.

Diese Suppe kann mit kleinen Klößen ergänzt werden. Dafür bereitet man aus 1 dl Wasser, 50 g Butter, 50 g Mehl und zwei Eiern einen Brandteig, sticht mit einem Teelöffel Klöße davon ab und gart sie in Salzwasser. Abtropfen lassen und zugedeckt aufbewahren, bis die Suppe fertig ist, so dass sie nicht austrocknen.

Ein sehr altes Rezept beschreibt die Zubereitung einer Suppe von „Heiligfisch“ so: „Nachdem man den Fisch geschabt und mit zwei oder drei Wassern gewaschen hat, lässt man ihn in Salzwasser liegen, bevor man ihn braucht. Nun wird er gesotten, und wenn die Suppe abgeseiht worden ist, kann man ein wenig Fleischsud hineingeben und weiße Rübe, oder ein Stück Ingwer, ebenso Backpflaumen, gehackte Petersilie oder an ihrer Statt Engelwurzblätter, Schnittlauch, Korinthen oder Rosinen, Muskatblüte, ein bisschen Zucker und Altwein. Zum Schluss bindet man die Suppe mit Weizenmehl, das in Wasser gerührt wurde. In diese Suppe kann man Fisch-, Mehl- oder Brotklößchen tun. Saures und Süßes wird ganz zum Schluss hineingegeben, nach Bedarf.“

Curryfisch für montags

Mánudags karrífiskur

600 g Schellfisch- oder Rotbarschfilet
250 g Reis
100 g frische Pilze
125 g Käse
2 dl Buttermilch oder *súrmjólk*
3 EL milder Frischkäse
4 EL Mayonnaise
2 TL gelbes Currypulver
2 TL Salz

Reis in leicht gesalzenem Wasser garkochen. Währenddessen die Pilze putzen und in Scheiben schneiden. Käse reiben. Die Fischfilets in mundgerechte Happen zerteilen. In einer Schüssel alle restlichen Zutaten mit einem Schneebesen verrühren und die Pilze dazugeben.

Wenn der Reis gar ist, in eine ofenfeste Form füllen, den Fisch darauf verteilen, die Currysauce darüber verteilen und mit dem Reibkäse abschließen. Auf der mittleren Schiene in den Ofen stellen, bei 180° C etwa 30 Minuten backen. Dazu reicht man frischen Salat.

Variieren kann man das Gericht, indem man anstelle der Pilze eine Birne schält und würfelt, oder eine Banane in Scheiben dazugibt.

Gemüse

Hausgemachter Rotkohl

Rauðkál heimalagað

als Beilage für 6 Personen

1 kg	Rotkohl
1	Apfel
75 g	Butter
1 TL	Salz
4	Gewürznelken, ganz
4	Pimentkörner, ganz
½ TL	Pfeffer, gemahlen
3 EL	Rotweinessig
3 EL	Johannisbeer- oder Himbeergelee
200 ml	Saft oder Nektar von schwarzen Johannisbeeren
200 ml	Wasser

Kohlkopf putzen, halbieren und mit einer Brotschneidemaschine, einer Reibe oder einem scharfen Messer (Kohl auf die Schnittfläche legen) in etwa 3 mm breite Scheiben schneiden. Diese Kohlstreifen nach Belieben weiter kleinschneiden. Den Apfel schälen, entkernen und in kleine Würfel schneiden. Butter in einem großen Topf zerlassen und den Rotkohl mit den Apfelwürfeln darin einige Minuten schmoren. Nelken und Pimentkörner in einer Gewürzkugel in den Topf hängen. Hat man keine solche Gewürzkugel, nimmt man nur die Hälfte der Gewürze und gibt sie zerstoßen zum Rotkohl. Salzen, pfeffern, Essig, Gelee, Wasser und Saft hinzugeben und gut verrühren. Mit Deckel etwa 1 Stunde köcheln lassen, oder bis der Rotkohl den gewünschten Biss erreicht hat.

Wer Rotkohl nicht so flüssig mag, streut 2 EL Mehl über den Kohl, bevor die Flüssigkeit angegossen wird, und rührt gut um. Variieren kann man zum Beispiel mit 200 g aufgetauten Tiefkühl-Blaubeeren statt Gelee und Saft.

Gefahr und Gemüse

Heil- und Gemüsepflanzen spielen schon in den Sagas der Landnahmezeit eine Rolle, wenn auch keine große. „Er köpfte einen Mann und dann noch einen“ fesselt die Zuhörer einfach mehr als „Er fand einen Pilz und dann einen zweiten“.

Eine der berühmtesten Gemüse-Szenen der isländischen Literatur spielt in den halsbrecherischen Klippen der Westfjorde. Sie sind der Schauplatz einer Anekdote aus der Saga von den Schwurbrüdern Þorgeir und Þormóður (*Fóstbræðra saga*). Die beiden begaben sich eines Tages nach Hornstrandir, um Angelika zu sammeln.

Þorgeir schnitt die Pflanzen am Kliff, und Þormóður trug sie weg, als plötzlich der Boden unter Þorgeirs Füßen wegbrach. Im Fallen konnte er noch einen Pflanzenstängel packen, baumelte nun an der Angelika zig Meter über der steinigen Brandung, und wollte doch auf keinen Fall nach Þormóður rufen, ihm zu Hilfe zu kommen, auch wenn er in den Tod stürzen sollte.

Þormóður wartete oben auf den Felsen auf seinen Schwurbruder, bis es ihm zu lang wurde, und ging dann zurück, um nach Þorgeir zu rufen und zu fragen, ob er nicht langsam genug geerntet habe? Darauf antwortete dieser mit fester Stimme: „Ich denke, ich habe genug Angelika, wenn diese aus der Erde gekommen ist, an der ich gerade ziehe.“

Steinschlag aber führte Þormóður an die Stelle, wo Þorgeir in der Luft hing, und er zog ihn hoch. Die Angelika war schon fast entwurzelt.

Gestampfte Rüben

Rófustappa

als Beilage für 4 Personen

800 g	Kohlrüben
	Salz und Pfeffer
2 TL	Butter
1 TL	Zucker
	Muskatnuss

Die Rüben schälen und würfeln. In leicht gesalzenem Wasser zugedeckt köcheln lassen, bis die Rüben gar sind. Jetzt das Wasser abschütten und die Rüben ein paar Minuten ruhen lassen. Dann die Butter dazu geben und die Rüben mit einem Kartoffelstampfer zerkleinern. Mit Zucker, geriebener Muskatnuss, Salz und Pfeffer abschmecken.

Kerbelsuppe

Kerfilsúpa

als Vorspeise für 6 Personen

30 g	Butter
30 g	Weizenmehl
1 ¼ l	heiße Fleischbrühe (Lamm oder Rind)
1	große Handvoll Kerbel, ca. 250 g
3	Eier
	Salz und Pfeffer

Die Menge der Kräuter sollte zusammengedrückt, nicht lose bemessen werden. Butter in einem großen Topf schmelzen, Mehl darüber stäuben, rasch verrühren, kurz erhitzen, dann mit der Brühe unter Rühren aufgießen. Aufkochen lassen. In einem anderen Topf die Eier hart kochen. Währenddessen gewaschenen Kerbel zerkleinern. Kerbel in die Suppe geben und drei Minuten kochen lassen. Topf vom Herd nehmen und mit Salz und Pfeffer abschmecken. Eier schälen, vierteln und jeden Teller Suppe mit zwei Ei-Vierteln dekorieren.

Diese Suppe wurde auch mit anderen Kräutern und Blattgemüsen zubereitet, zum Beispiel Sauerampfer (*njólasúpa*), Spinat, Kresse oder in Notzeiten auch Löffelkraut. Bärlauch oder Portulak sind mitteleuropäische Varianten.

Sammeln Sie im Sommer wilde Beeren, Kräuter und Pilze und trocknen Sie diese, dann können Sie im Winter „falsches Schneehuhn“ zubereiten (s. S. 52). Gut geeignet sind Heidelbeeren, Krähenbeeren, Wacholder, getrocknete Blätter von Heidelbeeren, Silberwurz und Thymian, Angelikawurzel und getrocknete Blüten von Schnittlauch und Löwenzahn.

Revolution im Garten

Die Gebäude in Bessastaðir vor den Toren von Reykjavík gehören zu den ältesten des Landes. Sie wurden um 1760 gebaut. Heute ist Bessastaðir der offizielle Präsidentensitz, und zwar seit Gründung der Republik im Jahr 1944.

Schon 1789, zur Zeit der französischen Revolution, hatte das stattliche Gehöft eine besondere Stellung.

Berichten eines englischen Reisenden zufolge wuchs damals im Nutzgarten von Bessastaðir (genannt *kálgarðar*, Kohlgärten) verschiedenes Gemüse, das er hierzulande nicht erwartet hatte.

Unter anderem Petersilie, Blumenkohl, Zwiebeln, verschiedene Sorten Rettich, Salate, Schnittlauch, Sellerie, Kresse, Meerrettich, Pastinaken, rote Bete, Kohlköpfe, weiße Bohnen und Kartoffeln und besonders schmackhafte Weiße Rüben. Gerste, Hafer, Holunder, Johannis- und Stachelbeeren wurden ebenfalls kultiviert.

Allerdings notierte der Engländer, dass nur Weißkohl und Rüben aus heimischer Zucht stammten, alle anderen Pflanzen hatten ihren Ursprung in importierten Sämereien.

Das ist nicht weiter verwunderlich, denn Bessastaðir war damals der Sitz des dänischen Landvogts, hier lebte also der Vertreter des dänischen Königs, und das Gemüse in Bessastaðir war eine Umkehrung der damals üblichen Kolonialwaren.

Gebratene Löwenzahnblätter

Steikt fíflablöð

als Beilage für 4 Personen

500 g	junge Löwenzahnblätter
100 g	Bauchspeck
1	Knoblauchzehe
150 ml	Gemüsebrühe oder Wasser, warm

Speck fein würfeln, Knoblauch hacken. Löwenzahnblätter gut abspülen und auf einem Geschirrtuch abtropfen lassen. Große Blätter teilen. Speck in einer großen Pfanne bei mittlerer Hitze ausbraten und auf einem warmen Teller beiseite stellen. Die Löwenzahnblätter mit dem Knoblauch in die Pfanne geben, im ausgelassenen Fett wenden und nach Belieben pfeffern. Etwa zwei Minuten schmoren lassen, dann die Brühe angießen und bei geschlossenem Deckel weitere drei bis fünf Minuten garen, bis der gewünschte Biss erreicht ist. Mit den Speckwürfeln bestreut servieren.

Auf Eis-Beeren-Jagd

Blaubeeren sind die beliebtesten, Krähenbeeren die häufigsten Beeren Islands. Sie im Spätsommer zu suchen und zu sammeln ist ein Volkssport (*fara í berjamó*). Die Isländer verwenden dazu spezielle Geräte, die aus einer kleinen Harke mit daran befestigtem Säckchen bestehen. Aber auch mit bloßen Händen geht es gut – nur das Einverständnis des Landbesitzers braucht man, wenn man mehr pflücken will, als direkt gegessen wird.

Heidelbeeren (Vaccinium myrtillus, *aðalbláber*) wachsen als kleine Halbsträucher in Gegenden mit viel Schneefall, also vor allem in den Westfjorden und im Hochland (ab 300 Meter über dem Meeresspiegel). Die Beeren sind Mitte August reif und variieren in der Farbe von dunkelblau bis schwarz. Ihr Saft ist violett. Die grünen, eiförmigen Blätter kann man trocknen und daraus Kräutertee zubereiten oder sie in die Marinade für Lamm und Wild geben.

Rauschbeeren

Die Rauschbeere (Vaccinium uliginosum, *bláber*) findet man viel häufiger als die Heidelbeere. Der etwa 10 bis 20 cm hohe Strauch wächst sowohl in feuchten Buckelwiesen als auch an trockeneren Hängen und im Hochland bis zu einer Höhe von 800 Metern über dem Meeresspiegel. Die Blüten werden *sætukoppar*, Süßtöpfchen, genannt, und sind rötlich und glockenförmig. Die Blätter sind blaugrün, die Beeren dunkelblau, haben aber hellgrünes Fruchtfleisch und klaren Saft. Man pflückt sie im August.

Ungeachtet ihres deutschen Namens verursacht die Rauschbeere höchstens Sammelrausch.

Krähenbeeren

Krähenbeeren (Empetrum nigrum, *krækiber*) sind kleine, runde Beeren mit schwarzer, glatter Haut und zahlreichen winzigen Kernen, die in großen Mengen an einem sehr niedrigen Strauch wachsen. Weil sie so unscheinbar und winzig sind, gibt es die Redewendung *eins og krækiber í helvíti* (wie eine Krähenbeere in der Hölle), wenn man sich deplatziert oder vereinsamt fühlt. Die Blätter sind grün und glänzend und sitzen nadelartig dicht an dicht an den Ästchen. Krähenbeeren sind die häufigsten Beeren in Island. Sie wachsen gerne in trockener Hanglage oder in Buckelwiesen. Die winzigen rosa Blüten erscheinen im Mai und Juni, die Beeren können ab Mitte August und bis in den Herbst hinein gepflückt werden. Sie haben einen herb-süßen Geschmack.

Vogelbeeren

Vogelbeeren (auch Elsbeeren, Drosselbeeren oder Quitschbeeren genannt, Sorbus aucuparia, *reyniber*) sind die Früchte des Ebereschenbaums, der in Island allerdings nicht besonders hoch wird. Man findet sie vor allem in Gärten und Birkenwäldchen, die vor Verbiss durch Schafe geschützt sind. Die leuchtend roten Beeren schmecken etwas bitter. Nach dem ersten Frost werden sie milder und süßer. Einige Menschen reagieren sehr empfindlich auf die Bitterstoffe. Man trocknet die Beeren oder kocht aus ihnen Marmelade.

Die Steinbeere (Rubus saxatilis, *hrútaber*) wurde früher zu einem Mittel verarbeitet, das Magen und Herz stärken und sogar Skorbut heilen sollte. Hierfür wurden 100 g zerstoßene

Steinbeeren

Steinbeeren mit einem halben Liter starkem *brennivín* in einer Flasche erhitzt, drei Tage lang warmgehalten, dann ausgepresst und herausgefiltert. Dosierung: Dreimal täglich einen Esslöffel – von dem *brennivín*, nicht den Beeren! Die Steinbeere wächst an fruchtbaren Hängen und auf Waldboden und kann Ende August gepflückt werden. Ihre manchmal meterlangen Ranken werden *tröllareipi*, Trollseile, genannt.

Schwedischer Hartriegel (Cornus suecica, *skollaber*) ist eine seltene Pflanze und wächst vor allem in den Westfjorden, auf Snæfellsnes und in der Gegend von Akureyri. Die dunkelroten Beeren kann man im September pflücken. Die in Kontinental-Skandinavien weit verbreitete Preiselbeere (Vaccinium vitis-idaea, Pflanze: *rauðberjalyng*, Frucht: *týtuber*) ist in Island sehr selten, man findet sie aber in den Ostfjorden und am See Rauðavatn. In Sumpfgebieten des Nordens und Ostens findet man die Kleine Moosbeere, besser bekannt als Cranberry (Vaccinium microcarpum, *mýraber*).

Zwerg-Wacholder (Juniperus communis, *einiber*) wächst sehr niedrig und trägt nur alle zwei bis drei Jahre Früchte. Die Beeren sind schwarz und werden getrocknet als Gewürz verwendet. Sie wurden früher mit Stockfisch und Butter gegessen und über Winter in *skyr* konserviert. Der Pflanze wurden starke Heilkräfte nachgesagt, man versuchte damit steife Gelenke, Kopfschmerzen und Homosexualität zu behandeln.

Neben diesen wild vorkommenden Beeren werden in isländischen Gärten auch mit Erfolg Johannisbeeren (rote, *rifsber*, und schwarze, *sólber*) und sogar Erdbeeren angebaut. In Südisland findet man Erdbeeren auch manchmal wild an sonnigen, geschützten Stellen.

Süßspeisen und Desserts

Moderne Rhabarbergrütze

Nýmóðins rabarbaragraútur

als Nachtisch für 4 Personen

900 g		Rhabarber, am besten rotstielig
6		Datteln oder Backpflaumen
1 dl		Ginger Ale
150 g		Zucker
½		Vanilleschote
1 TL		Ingwerwurzel, fein gehackt
¼ TL		Zimt
½		Apfelsine
2 TL		Stärke

Rhabarber putzen, schälen und in Scheiben schneiden. Trockenfrüchte kleinschneiden und mit Rhabarber, Ginger Ale, Zucker und Ingwer in einen Topf geben. Bei mittlerer Hitze etwa 20 Minuten köcheln lassen, dann die Vanilleschote längs aufschlitzen, mit einem Messer das Mark herausschaben, und zusammen mit dem Zimt zur Grütze geben. Weitere fünf Minuten köcheln lassen. Apfelsine auspressen, den Saft mit der Stärke vermischen, unter die Grütze rühren und unter Rühren andicken lassen. Mit Schlagsahne oder Creme fraiche, die mit einem Hauch abgeriebener Zitronenschale und etwas Zucker aromatisiert wurde, servieren.

Das mit Abstand meist angebaute Gemüse Islands sind Kartoffeln. 12.000 Tonnen werden davon jährlich produziert. Auf dem zweiten Platz liegen Gurken, die die Tomaten in den letzten zehn Jahren überholt haben. Beides wird in den mit heißem Quellwasser beheizten Gewächshäusern angebaut, die landesweit eine Gesamtfläche von 20 Hektar haben und auch von Rosenzüchtern genutzt werden. Blumenkohl, Broccoli und Porree tauchen erst seit 1995 in den Statistiken auf.

Isländische Pfannkuchen

Pönnukökur

50 g	Butter oder Margarine
250 g	Weizenmehl
2	Eier
1 TL	Backpulver
½ TL	Natron
½ TL	Salz
6 dl	Milch
1 dl	Malzbier

Butter schmelzen und wieder abkühlen lassen. Eier damit verquirlen. Alle trockenen Zutaten in eine Schüssel sieben. In die Mitte eine Kuhle drücken, Milch, Malzbier und Ei-Butter-Mischung hineingießen und langsam kreisend mit dem Mehl verrühren. Eine flache Pfanne, am besten eine isländische Pfannkuchenpfanne oder eine Crepe-Pfanne, hauchdünn mit Öl einpinseln (nur beim ersten Pfannkuchen!) und erhitzen. Den Teig noch einmal gut umrühren und mit einer Kelle gerade so viel in die heiße Pfanne geben, dass der Teig bis zum Rand laufen kann, bevor er an der Oberfläche trocken wird. Eventuell muss man die Pfanne etwas kippen, damit der Teig sich gut verteilt. Sobald man die Pfannkuchen-Oberfläche drücken kann, ohne dass der Teig am Finger kleben bleibt, wird der Pfannkuchen mit einem Pfannenwender gewendet. Die ersten Pfannkuchen sind eigentlich immer verknittert und zu blass. Davon darf man sich nicht entmutigen lassen.

Isländische Pfannkuchen werden kalt serviert. Man bestreut sie mit Zucker oder bestreicht sie mit Marmelade, z. B. Rhabarber und rollt sie auf. Oder sie werden mit Schlagsahne bestrichen und mit Beeren dekoriert.

Lecker lernen Ab der zweiten Grundschulklasse wird in Island das Fach Haushaltskunde unterrichtet, wo die Kinder zunächst die Grundzüge einer gesunden Ernährung erlernen und langsam an das Nachkochen auch komplizierter Gerichte herangeführt werden. Während sie in der zweiten Klasse im praktischen Bereich Speisen wie Obstsalat zubereiten und vor allem den Umgang mit Messgeräten und dem Messer lernen, steht im dritten Schuljahr schon das Ausprobieren von typisch isländischem Essen wie *svið*, *slátur* und Stockfisch auf dem Stundenplan. Auch Milchprodukte und ihr Weg von der Kuh bis auf den Esstisch werden durchgenommen.

Elektrogeräte wie Waffeleisen, Handmixer und Herd werden in der vierten Klasse erstmals benutzt. Aber auch Themen wie Arbeitsteilung im Haushalt, Unfallverhütung, gesunde Essgewohnheiten und Tischmanieren kommen nicht nur zur Sprache, sondern werden in den großzügigen, gut ausgestatteten Schulküchen ausprobiert und eingeübt. Der Lernerfolg wird mit einer schriftlichen Beurteilung bewertet, erst ab der siebten Klasse werden Noten verteilt und Wissen auch schriftlich abgefragt. In diesem Alter lernen isländische Kinder im Team ganze Mahlzeiten zuzubereiten, wobei sie auch den Nährwert der einzelnen Bestandteile berücksichtigen müssen. Die ganze Palette von Kochen und Schmoren über Braten und Grillen bis zum Backen von Hefegebäck und Rührkuchen wird in der achten Klasse verlangt. Schuhe putzen und Wäsche sortieren stehen ebenso auf dem Lehrplan wie Mülltrennung und das Entschlüsseln von Nährwerttabellen. Mit Ende der achten Klasse haben die Kinder außerdem viel über Arbeitsabläufe und Teamwork gelernt.

Lummur

Lummur

für 20 *lummur*

2 dl	Weizenmehl
1 dl	zarte Haferflocken
1 TL	Backpulver
¼ TL	Salz
1 EL	Zucker
¼ TL	abgeriebene Zitronenschale
2 dl	Milch
¼ dl	*súrmjólk* oder Buttermilch
2 EL	Öl
1	Ei

Diese kleinen, dicken Pfannkuchen sind nicht nur ein Klassiker zum Nachmittags-Kaffee, sondern auch in der Schulküche, wo sie schon von Zehnjährigen gebacken werden.

Ofen auf 60° C schalten. In einer Schüssel werden alle trockenen Zutaten gemischt. Dann drückt man eine Kuhle in die Mitte, gibt die weiteren Zutaten hinein und mischt alles von der Mitte aus kreisförmig rührend gut unter. Eine flache Pfanne, am besten eine isländische Pfannkuchenpfanne, wird bei mittlerer Hitze etwa 2 Minuten lang erhitzt, dann setzt man drei bis vier Teigfladen hinein. Wenn sie an der Oberfläche zu trocknen beginnen, werden sie gewendet, entweder mit einem Pfannenwender oder mit zwei hölzernen Schaschlik-Spießen, die man rechts und links hineinsticht. Auf der zweiten Seite nur noch kurz braten, dann auf einem Teller im Ofen zugedeckt warmhalten, bis alle fertig sind. Am besten schmecken *lummur* direkt aus der Pfanne. Mit Butter, Zimt und Zucker oder (Rhabarber-)Marmelade servieren.

Daim-Konfekt

Daim-kubbar

für 600 g Konfekt

150 g	Butter
4 EL	heller Sirup
2 EL	Kaffeesahne oder Kondensmilch
200 g	Schokolade mit Crisp-Reis, z. B. Síríus oder Schogetten
100 g	Daim-Kugeln
100 g	Haferkekse
	Kokosflocken nach Belieben

Butter in einem Topf zerlassen, Sirup und Sahne hineinrühren. Unter Rühren aufkochen lassen, dann die Hitze verringern und 5 Minuten sanft köcheln lassen. Den Topf vom Herd nehmen und die Schokolade in Stücken hineingeben. Rühren, bis die Schokolade geschmolzen ist, dann etwas abkühlen lassen, bis die Mischung Raumtemperatur hat.

Haferkekse fein zerkrümeln und mit den Daim-Kugeln zusammen in die Schoko-Mischung geben. Gut verrühren und in eine aus mehreren Lagen Alufolie gefaltete Form (15 x 25 cm) schütten. Mindestens zwei Stunden im Kühlschrank kühlen.

Wenn die Masse hart geworden ist, wieder Raumtemperatur erreichen lassen und mit einem Messer in Würfel schneiden. Dann in Kokosflocken rollen.

Für *Fjallagrasakonfekt* zerkleinert man zwei Handvoll Isländisch Moos fein, kocht es etwa 10 Minuten in wenig Wasser zu einer dickflüssigen Creme, fügt 120 g Daim-Kugeln hinzu und lässt sie unter ständigem Rühren bei niedriger Hitze schmelzen. In eine eckige Form gießen und gut abkühlen lassen. In Würfel schneiden und in Kokosflocken wälzen.

Süße Suppe

Sætsúpa

als Nachtisch für 4 Personen

12		Backpflaumen, ohne Stein
6		getrocknete Aprikosen
2	EL	Sultaninen oder getrocknete Cranberries
½	l	Wasser
3	EL	Perlsago oder Reis
4	EL	brauner Zucker
¼	TL	Zimt
1		Gewürznelke
1	dl	Fruchtsaft

Alle Trockenfrüchte einmal durchschneiden, mit 1 EL Sago und allen weiteren Zutaten außer dem Fruchtsaft aufkochen, dann den restlichen Sago hineinrühren und 20 Minuten zugedeckt köcheln lassen, oder bis die Früchte die gewünschte Konsistenz haben. Mit dem Fruchtsaft abschmecken, kurz erhitzen und mit Schlagsahne oder Zwieback zum Hineinbröseln servieren. Anstelle von Sago kann man Reis verwenden, oder die Suppe zum Schluss mit 1 EL Maisstärke andicken, die man in dem Fruchtsaft auflöst.

Snickers-Torte mit Bananen

Snickersterta með banönum

für eine Springform von 24 cm Ø

175 g	mürbe Haferkekse, z. B. Hobbits
90 g	Butter
360 g	Snickers
200 g	Schlagsahne
200 g	milder Frischkäse (z. B. Exquisa oder Philadelphia)
2-3	Bananen

Dieser Kuchen muss am Vortag zubereitet werden! Butter zerlassen. Die Kekse portionsweise in einen Gefrierbeutel füllen und zu feinen Krümeln zerstampfen. Krümel und Butter in einer Springform mischen und andrücken, so dass ein Tortenboden mit einem niedrigen Rand entsteht.
Snickers in Scheibchen schneiden, mit der Sahne in einen Topf geben und unter ständigem Rühren bei niedriger Hitze schmelzen. Topf vom Herd nehmen, Frischkäse mit einem Schneebesen unterrühren.
Banane schälen, in Scheiben schneiden, auf dem Tortenboden verteilen. Snickersmischung darüber schütten und über Nacht kalt stellen, aber nicht einfrieren.
Kurz vor dem Servieren mit weiteren Bananenscheiben dekorieren und eiskalt servieren, nach Belieben mit Schlagsahne.

Der Handelsfeiertag hat eine lange Tradition. Seit 1895 wird er – heute nicht mehr nur von Kaufleuten - gefeiert, früher am 2. August, heute am ersten Montag im August. Das ganze Wochenende heißt *verslunarmannahelgi*, kurz *versló*, und bedeutet für moderne Isländer meist geselliges Zelten mit Wein, Weib und Gesang.

Kuchen und Kekse

Kokoskuchen

Kókosterta

für eine Springform von 24 cm Ø

2	Eier
2 ½ dl	Zucker
2 ½ dl	Mehl
1 TL	Backpulver
1 TL	Salz
1 ½ dl	Milch
2 EL	Butter
1 TL	Vanille-Extrakt oder Vanillezucker

für die Glasur

1 ½ dl	Kokosflocken
5 EL	Zucker
4 EL	Milch
3 EL	Butter
2 EL	Kakaopulver

Ofen auf 200° C vorheizen. Milch und Butter in einem Töpfchen im Ofen lauwarm werden, aber nicht kochen lassen. Die Eier mit dem Zucker vermischen und mit dem Rührgerät kräftig rühren, bis eine leichte, helle Masse entsteht. Die trockenen Zutaten bis auf die Vanille darüber sieben und untermischen. Vanille zur Milch geben und die Milch in den Teig rühren. In eine gefettete Springform füllen und auf der unteren Schiene etwa 10-15 Minuten backen.

Für die Glasur alle Zutaten in einem Topf leicht erhitzen und den noch warmen Kuchen rundum damit bestreichen, sobald er gestürzt wurde. Abkühlen lassen.

Kurz vor dem Servieren den Kuchen mit Klecksen aus steif geschlagener Sahne verzieren.

Dattelkuchen

Döðluterta

für eine Springform von 24 cm Ø

3	Eier
100 g	Zucker
100 g	getrocknete Datteln, fein gehackt
125 g	Walnusskerne, fein gehackt
100 g	edle Kuvertüre, fein gehackt
3 EL	Weizenmehl
1 TL	Vanille-Extrakt
1 TL	Backpulver

Backofen auf 150° C vorheizen. Eier und Zucker zu einer steifen Masse schlagen. Die restlichen Zutaten werden in einer zweiten Schüssel gut vermischt, dann behutsam in die Masse gemischt. In einer Springform mit flachem Boden (mit Backpapier ausgelegt) etwa 30 bis 45 Minuten backen. Auf einem Kuchengitter abkühlen lassen. Mit Schlagsahne servieren.

Blaubeer-Pie

Bláberjabaka

für eine Springform von 26 cm Ø

100 g	Butter
125 g	Zwieback
40 g	gehackte Nüsse
40 g	Zucker
2	Eier
¼ TL	Salz
40 g	Zucker
250 g	Sahne-Frischkäse
50 g	saure Sahne
250 g	Blaubeeren, frisch oder angetaut
125 g	Zucker

Ofen auf 200° C vorheizen. Butter währenddessen in einem feuerfesten Förmchen im Ofen zerlassen.

Zwieback fein zerkrümeln, z. B. mit einem Nudelholz, oder zwischen zwei Holzbrettchen, und in einer Schüssel mit Butter, Nüssen und der Hälfte des Zuckers vermischen. In eine Springform von 26 cm Durchmesser geben und zu einem Tortenboden mit niedrigem Rand formen, dabei gut festdrücken. 5-10 Minuten im Ofen goldbraun backen, dann außerhalb des Ofens wieder abkühlen lassen.

Eier trennen. Eiweiß mit einer Prise Salz und dem restlichen Zucker zu sehr steifem Schnee schlagen.

In einer Schüssel Frischkäse, saure Sahne, Zucker und Eigelb sehr gründlich verquirlen. Mit einem Holzlöffel Blaubeeren unterrühren, die Masse auf den vorgebackenen Tortenboden geben und den Eischnee mit einem Messer darauf verstreichen. Dabei sollten einige kleinere Löcher in der Eischneedecke bleiben. 10 bis 12 Minuten auf der mittleren Schiene backen, dann den Ofen ausschalten, öffnen und den Kuchen darin ganz abkühlen lassen, dann einfrieren.

Etwa eine Stunde vor dem Servieren aus dem Gefrierfach nehmen – er wird noch leicht gefroren auf den Tisch gebracht.

Blechkuchen

Skúffukaka

für ein Blech (35 x 40 cm)

170 g	Butter
130 ml	kochendes Wasser
5	saure Äpfel
250 g	Weizenmehl, Type 405
250 g	Vollkornmehl
350 g	Zucker
2 TL	Backpulver
1½ TL	Zimt
1½ TL	Vanillezucker
1 TL	Salz
1 TL	Anis
5	Eier

zum Bestreuen

100 g	gehobelte Haselnüsse
3 EL	brauner Zucker

Ofen auf 175° C vorheizen. Die Butter darin schmelzen, herausnehmen und wieder abkühlen lassen. Äpfel schälen, vierteln, entkernen und würfeln. Mit heißem Wasser übergießen, beiseite stellen. Restliche Zutaten mischen, Butter und Äpfel (mit dem Wasser) dazugeben und verrühren. Auf ein mit Backpapier ausgekleidetes Backblech geben, mit Nüssen und Zucker bestreuen und 40 Minuten backen.

Der Kuchen ist leicht zu variieren: Äpfel durch Birnen, Anis durch Ingwerpulver ersetzen und weniger Wasser verwenden. Oder Sauerkirschen aus dem Glas verwenden, anstelle des Wassers Kirschsaft und etwas kürzer backen.

Jüdische Kekse

Gyðingakökur

für 80 Kekse

200 g	Weizenmehl
100 g	Butter oder Margarine
60 g	Zucker
½ TL	Hirschhornsalz
2	Eier
100 g	gehobelte Mandeln
2 EL	zerstoßene Zuckerwürfel oder grober Zucker

Mehl, Hirschhornsalz und Zucker mischen, auf eine Arbeitsfläche häufen und in die Mitte eine Kuhle drücken. Butter in kleine Würfel schneiden und auf dem Mehl verteilen. Ein Ei aufschlagen, in die Kuhle geben, mit einem Holzlöffel von der Mitte der Kuhle aus immer größere Kreise rühren, bis das Ei untergerührt ist. Teig mit den Händen kneten, bis er glatt ist. Er soll recht fest sein. In Folie eingerollt mindestens eine Stunde kaltstellen.

Ofen auf 180° C vorheizen. Teig vierteln und einen Teil nach dem anderen auf einer bemehlten Fläche oder zwischen zwei Lagen Backpapier dünn ausrollen (2-3 mm). Mit einem Glas oder Ausstechförmchen runde Kekse von 4 bis 5 cm Durchmesser ausstechen und auf ein mit Backpapier ausgelegtes Blech legen.

Das zweite Ei aufschlagen und verquirlen, in einer anderen Schüssel Mandeln und Zucker mischen. Die Kekse dünn mit dem verquirlten Ei bestreichen, mit der Mandel-Zuckermischung bestreuen und 8 bis 10 Minuten backen. Sie sollen eher hell bleiben.

Gletschergipfel

Jöklatindar

für etwa 70 Makronen

4	Eiweiß
200 g	Zucker
200 g	Kokosflocken
100 g	Schokolade, weiß oder Vollmilch
80 g	Bismark-Bonbons (oder andere milde Pfefferminzbonbons)

Ofen auf 150° C vorheizen. Bonbons sehr fein zerstampfen. Schokolade fein hacken. Eiweiß mit dem Zucker zu steifem Schnee schlagen, die übrigen Zutaten vorsichtig untermischen und mit zwei Teelöffeln kleine Häufchen auf ein mit Backpapier belegtes Blech setzen und 10-15 Minuten backen.

Haferkekse

Hafrakex

für etwa 100 Kekse

400 g zarte Haferflocken
300 g Weizenmehl
200 g Zucker
1½ TL Backpulver
1½ TL Hirschhornsalz, ersatzweise Backpulver
1 TL Salz
200 g Butter oder Margarine
40-80 ml Milch

Haferflocken mit den anderen trockenen Zutaten in einer Schüssel mischen und die Butter, in kleine Würfel geschnitten, dazugeben. Zu einem Teig verarbeiten, dabei nach Bedarf löffelweise Milch zufügen, aber sparsam damit umgehen. Backofen auf 200° Celsius vorheizen.

Sobald der Teig glatt und geschmeidig ist, in apfelsinengroße Stücke teilen und zwischen zwei Lagen Backpapier etwa 4 mm dick ausrollen. Mit einer runden Ausstechform (Durchmesser 5 cm) Plätzchen ausstechen, auf ein mit Backpapier belegtes Blech legen und mit einer Gabel Muster in die Oberfläche stechen. Auf jedes Blech passen etwa 30 Kekse. 8 bis 10 Minuten auf der mittleren Schiene backen lassen. Die Kekse sollen nur hellbraun sein. Auf einem Rost abkühlen lassen.

Wer es weniger süß mag, reduziert den Zucker. Dann können die Kekse auch mit (gesalzener) Butter bestrichen serviert werden, wie es in Island gerne gemacht wird. Man kann den ausgerollten Teig, um sich Arbeit zu sparen, auch mit dem Messer in Quadrate schneiden, die klassische Form der Haferkekse ist jedoch rund.

Eheglück auf verschiedene Weise

Margs konar hjónabandssæla

Grundzutaten für den Kuchen

2½ dl	zarte Haferflocken
2½ dl	Weizenmehl
1¼ dl	brauner Zucker
½ TL	Backpulver
¼ TL	gemahlener Zimt
125 g	Margarine oder Butter, zimmerwarm

Klassische Variante

400 g	Rhabarberkonfitüre

Herbstliche Variante

400 g	Blaubeerkonfitüre

Variante mit südlichem Flair

450 g	getrocknete Datteln
1 dl	brauner Zucker
1 TL	Vanillezucker
150 ml	Wasser
50 g	Kokosflocken für den Teig

Warum dieser traditionelle Kuchen, der an die Linzer Torte erinnert, „Eheglück“ genannt wird, ist nicht überliefert. Er gelingt leicht, ist aber ziemlich trocken, weshalb man ihn gerne mit Schlagsahne serviert. Dafür hält er sich aber auch recht lange. Vielleicht ist sein Name deswegen eher als guter Wunsch zu verstehen, der Ehe möge es genauso ergehen.

Den Ofen auf 200° C vorheizen. Die trockenen Zutaten in einer Schüssel mischen, die Margarine darüber bröseln und mit

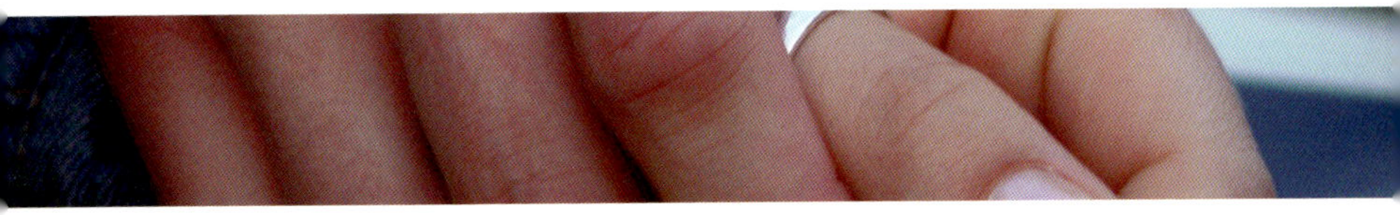

den Händen zu einem streuseligen Teig verkneten. Etwa ¾ des Teiges in einer Springform oder Tarteform (Durchmesser 20 cm) verteilen, sehr gut zusammendrücken und dafür sorgen, dass der Teig am Rand etwas höher steht. Mit der Marmelade oder Fruchtmischung bestreichen. Den Rest des Teiges als Streusel darüber geben. Etwa 25 Minuten auf der mittleren Schiene backen. Der Kuchen soll nicht zu hell bleiben.

Mit südlichem Flair: Dattelkerne entfernen, Datteln sehr fein hacken, mit den übrigen Zutaten in einem Topf vermischen, kurz aufkochen und einige Stunden zugedeckt kaltstellen. Kuchenteig wie oben beschrieben zubereiten, aber zu den Haferflocken noch die Kokosflocken geben. Dattelmus mit den Zinken einer Gabel zerdrücken und glattrühren, dann den Kuchen damit bestreichen und wie oben beschrieben weiter verfahren.

Souvenir-Tipp: Kaufen Sie sich und/oder Ihren Freunden eine isländische Pfannkuchenpfanne. Durch die speziellen Rillen auf der Oberfläche braucht man nur sehr wenig Fett, und der niedrige Rand macht das Wenden zum Kinderspiel. Zwar können Sie *pönnukökur* auch in einer französischen Crèpe-Pfanne braten, wer aber beide einmal ausprobiert hat, fragt sich, warum die Isländer die Pfannen nicht als Exportware nach Europa verschiffen. Achten Sie darauf, dass die haarfeinen Rillen nicht zerkratzt werden (Holzschieber verwenden und nur mit weichem Material reinigen), und benutzen Sie die Pfanne oft. Sie wird mit jedem Pfannkuchen, den man darin brät, besser!

Isländische Wiener Torte

Vínarterta

für einen Kuchen mit 6 Lagen

500-600 g	Weizenmehl
200 g	Margarine oder weiche Butter
250 g	Zucker
1½ TL	Backpulver
2	Eier
125 ml	Milch
1 TL	frisch gemahlener Kardamom
200 g	Rhabarbermarmelade

Butter und Zucker schaumig rühren. Eier hinzufügen und zu einer cremigen Masse verarbeiten. Die trockenen Zutaten und die Milch dazugeben und zu einem glatten Teig verkneten, der nicht zu fest sein sollte. Abgedeckt mindestens eine Stunde kaltstellen.

Ofen auf 190° C vorheizen. Teig in sechs Teile teilen und jeden Teil auf einer bemehlten Arbeitsfläche zu einem Kreis von etwa 20 cm Durchmesser ausrollen. Um das abzumessen, kann man einen Teller verwenden. Jeweils zwei Kreise auf Backpapier legen und nacheinander auf der mittleren Schiene des Backofens 10-12 Minuten backen. Sie sollen sehr hell bleiben. Kuchenkreise in Alufolie warmhalten, bis alle gebacken sind, mit Rhabarbermarmelade bestreichen und aufeinander setzen. Mit einem nicht bestrichenen Kreis abschließen.

Dieser klassische Kuchen schmeckt am besten, wenn er in Folie eingewickelt ein paar Tage ziehen konnte. Für einen Kindergeburtstag kann man die einzelnen Kuchenschichten mit Kakao, Safran oder verschiedenen Speisefarben einfärben und damit einen „Regenbogenkuchen“ herstellen.

Makronen Sarah Bernhardt

Sörur

für etwa 60 Makronen

3	Eier
100 g	weiche Butter
250 g	Puderzucker
2 EL	Kakaopulver (kein Instant-Kakao)
½ TL	Instant-Kaffee, gekörnt oder Pulver
175 g	gemahlene Mandeln oder Haselnüsse
150 g	Kuvertüre

Ofen auf 180° C vorheizen. Eier trennen. Butter mit 50 g Puderzucker gründlich verquirlen. Ein Eigelb dazugeben, zu einer glatten Masse verarbeiten, dann Kakao und Instant-Kaffee (Körnchen zu Pulver zerdrücken) hineinrühren und kaltstellen. In einer anderen Schüssel 3 Eiweiß mit dem restlichem Puderzucker mit einem Rührgerät zu sehr steifem Schnee schlagen und die Mandeln mit einem Holzlöffel untermischen. Mit zwei Teelöffeln kleine Häufchen auf ein mit Backpapier belegtes Blech setzen und 10-12 Minuten backen. Makronen abkühlen lassen, einen Klecks Buttercreme auf die Unterseite setzen und die Makronen tiefkühlen, bis die Kuvertüre im Wasserbad geschmolzen und auf etwa 40° C abgekühlt ist. Die untere Hälfte der Makronen in die Schokolade tauchen, erkalten lassen. Im Gefrierfach aufbewahren und eiskalt servieren.

Diese Makronen sind keine isländische Erfindung, sondern wohl eine dänische zu Ehren der französischen Schauspielerin Sarah Bernhardt, aber sie sind hier außerordentlich beliebt. Von der aufwändigen Herstellung ließen sich isländische Hausfrauen noch nie abschrecken. Das Original-Rezept sieht vor, die Schokoladenseite der Kekse mit Blattgold zu verzieren, aber das ging ihnen dann doch zu weit.

Kleinur

Kleinur

für 24 Stück

1½ kg	Pflanzenfett zum Frittieren
300 g	Weizenmehl
125 g	Zucker
1 TL	Backpulver
1 TL	Hirschhornsalz
½ TL	Salz
1 TL	gemahlener Kardamom
1 TL	abgeriebene Orangenschale
5 EL	*súrmjólk* (oder Buttermilch mit Ricotta gemischt)
1	Ei
4 EL	weiche Butter oder Margarine

Weil *kleinur* auf isländischen Bauernhöfen immer in rauen Mengen aufgetischt werden und eine so ungewöhnliche Form haben, scheuen sich viele, sie in kleinen Mengen selbst herzustellen. Dabei machen sie erstaunlich wenig Arbeit. Man braucht noch nicht einmal eine Fritteuse dafür. Verwendet man hartes Pflanzenfett, lässt sich dieses, wenn es wieder erkaltet ist, besser verstauen.

Fett bei guter, aber nicht zu hoher Temperatur (Stufe 2) in einem großen Topf schmelzen. Der Topf muss so hoch sein, dass das Fett ihn höchstens zur Hälfte füllt. Währenddessen den Teig zubereiten:

Traditionell wird er zubereitet, indem man einen Mehlberg auf der Arbeitsfläche aufhäuft, einfacher geht es aber in einer Schüssel. Alle trockenen Zutaten mischen. In der Mitte eine Kuhle machen, Butter, *súrmjólk* und Ei hineingeben und alles zu einem recht zähen Teig verkneten.

Auf einer bemehlten Fläche etwa 5 mm dick ausrollen und den Teig mit einem Teigrädchen in etwa 6 cm breite Stränge schneiden. Dann im 45-Grad-Winkel dazu schneiden, so dass Rauten entstehen, die etwa 10 cm lang sind. In jede Raute mit einem scharfen Messer längs in die Mitte einen Schlitz schneiden. Teigraute hochnehmen, das obere Ende in den Schlitz stecken und hindurchziehen, so dass das Teigstück in sich verzwirbelt wird. Alle Teigstücke entsprechend zwirbeln, dann je 8 Stück in das heiße Frittierfett geben und zwei Minuten lang frittieren, dabei wenden, falls nötig. Die *kleinur* sollen eine satte, braune Farbe haben – sie dunkeln an der Luft nach! Mit einem Schaumlöffel herausnehmen und auf Küchenkrepp abkühlen lassen.

Ähnlich werden *ástarpungar*, Liebesbälle, zubereitet, die am besten warm gegessen werden. Für 20 Stück:

2	Eier
6 EL	Zucker
8½ dl	Weizenmehl
1 EL	Backpulver
1 TL	Vanillezucker oder -Extrakt
1 dl	Milch oder *súrmjólk*, evtl. etwas mehr
1 dl	Sultaninen

Eier und Zucker schaumig schlagen. Milch unterrühren, dann die trockenen Zutaten bis auf die Sultaninen hinzugeben und zu einem zähen Teig verarbeiten. Wenn nötig, noch ein wenig Milch hinzufügen. Sultaninen hineinrühren. Mit zwei Esslöffeln möglichst runde Bälle, gut walnussgroß, aus dem Teig formen und etwa 3 bis 4 Minuten wie die *kleinur* im heißen Fett frittieren. Dabei ab und zu drehen, damit sie gleichmäßig braun werden.

Zimtschnecken

Kanilsnúðar

für 20 Schnecken

850 g	Mehl Type 550 oder 405
1 TL	Salz
1½ dl	Zucker
1 Pk.	Trockenhefe
5 dl	Vollmilch, lauwarm
150 g	Butter, geschmolzen, abgekühlt
2-3 EL	Mehl für die Arbeitsplatte
	Hagelzucker nach Belieben

für die Füllung

15 TL	Zucker
3 TL	Zimt
½ TL	Kardamom, am besten frisch aus dem Mörser

Dieses Rezept ergibt 20 Schnecken, die in zwei Fuhren nacheinander gebacken werden.

Alle trockenen Zutaten für den Teig in einer Schüssel mischen. Milch und Butter dazugeben und mit dem Holzlöffel zu einem glatten Teig verrühren. Mit einem zusammengefalteten Geschirrtuch abdecken, die Schüssel in das Spülbecken stellen und soviel handwarmes Wasser in das Becken einfüllen, dass die Schüssel gerade nicht zu schwimmen beginnt. 30 Minuten gehen lassen.

Den Teig aus der Schüssel nehmen, auf einer mit Mehl eingestäubten Arbeitsfläche gründlich kneten, in zwei Stücke teilen und diese mit einem Geschirrtuch bedecken. Zucker, Zimt und Kardamom für die Füllung gut vermischen.

Ein Teigstück mit dem Nudelholz auf 30 x 30 cm ausrollen und mit der Hälfte des Zimtzuckers bestreuen, aufrollen und mit einem scharfen Messer in zehn Scheiben schneiden. Die Scheiben auf ein Backpapier legen, mit einem Geschirrtuch abdecken und 20 Minuten gehen lassen.

In der Zeit den Ofen auf 175° C vorheizen. Mit dem zweiten Teigstück genauso verfahren. Wenn die Schnecken gebacken werden sollen, zieht man das Backpapier, auf dem sie liegen, auf das Backblech und backt sie auf mittlerer Schiene ca. 20-25 Minuten. Zum Abkühlen zieht man das Backpapier auf eine hitzebeständige Oberfläche.

Weihnachtskuchen

Jólakaka

für eine Kastenform

200 g	Butter, zimmerwarm
200 g	Zucker
2	Eier
400 g	Mehl
1 EL	Backpulver
1	Kardamomkapsel, ersatzweise Kardamomtropfen
½ TL	abgeriebene Zitronenschale
100 g	Rosinen
150 ml	Milch

Ofen auf 180° C vorheizen. Kardamomkapsel aufschlitzen und die Samen mit etwas Zucker im Mörser zerstoßen. Butter und Zucker sorgfältig verrühren, dann die Eier dazugeben und die Masse cremig schlagen. Mehl, Backpulver, Kardamom, Zitronenschale und Rosinen in einer anderen Schüssel vermischen und portionsweise (in etwa drei Portionen) abwechselnd mit der Milch zu dem Teig geben. Dabei nur soviel rühren wie nötig, am besten mit einem Holzlöffel.

Kastenform fetten oder mit Backpapier auskleiden, Teig hineinfüllen, Oberfläche glattstreichen und etwa 60 Minuten backen. Vor dem Stürzen noch 10 Minuten mit einem Geschirrtuch bedeckt ruhen lassen. In Scheiben geschnitten servieren.

Trotz des feierlichen Namens ist der Weihnachtskuchen neben *kleinur* der Grund-Bestandteil jeder Kaffeetafel. Er kann gut eingefroren werden, damit er immer parat ist.

Campingküche

Eins-zwei-drei-Hackbällchen

Skyndi-kjötbollur

600 g	Gehacktes
1	Tüte Fertigsuppe, am besten Lauch
20	Salzcracker, z. B. Ritz
1	Ei (wenn vorhanden)
2 EL	Öl

Salzcracker zerbröseln, die übrigen Zutaten bis auf das Öl sorgfältig damit verkneten und etwa tischtennisballgroße, runde Bällchen daraus formen. In etwas Fett in einer Pfanne braten, bis sie rundum schön braun sind. Die Hackbällchen können pur als Snack gegessen werden.

Wildnis-Variante in Sauce: Will man die Hackbällchen in Sauce servieren, mischt man eine halbe Flasche Chili-Sauce mit einem halben Glas Johannisbeergelee und einem bisschen Schlagsahne, gießt dies über die fertig gebratenen Bällchen und lässt sie bei niedriger Hitze noch 5 Minuten darin ziehen.

Edle Variante in klassischer brauner Sauce: Hierfür werden die Bällchen rundum angebraten. 250 ml heiße Fleischbrühe angießen und die Bällchen darin 10 Minuten lang garen. Sauce würzen und binden. Als Beilage eignen sich gestampfte Kartoffeln, Erbsen, Rotkohl und Johannisbeergelee.

Landarbeit: Den Angaben des Bauernverbandes zufolge wird auf einem Hof mit 40 Rindern (Milchkühe und Kälber) im Jahr 4799 Stunden gearbeitet. 400 Schafe erfordern hingegen jährlich „nur“ 2428 Arbeitsstunden, vor allem, weil sie den Sommer frei im Hochland verbringen.

Lamm in Kaffee-Marinade

Glóðarsteikt kaffikryddað lamb

1	Zitrone
3 EL	Öl
1 dl	Kahlúa-Kaffeelikör
	Ingwerwurzel, haselnussgroß
16	Lammkoteletts
	Salz und Pfeffer

Zitrone auspressen und mit Öl und Kaffeelikör vermischen. Ingwerwurzel grob zerkleinern und ihren Saft (unter einer Messerklinge zerquetschen, oder zivilisierter: Knoblauchpresse benutzen) dazumischen. Fleisch mit der Marinade bedecken und etwa 12 Stunden darin ziehen lassen, dabei ab und zu wenden. Fleisch aus der Marinade nehmen, abtropfen lassen und mit Salz und Pfeffer würzen. Auf dem heißen Grill je nach Dicke der Koteletts auf jeder Seite etwa 5 bis 8 Minuten grillen. Dabei ab und zu mit der Marinade bestreichen. Als Beilage: gegrillte Maiskolben und Folienkartoffeln.

Auf der Hut sein Erst seit wenigen Jahren interessieren sich die Isländer für Pilze. Sie wurden früher einfach nicht als Nahrungsmittel in Betracht gezogen. Und dabei wachsen einige gute Speisepilze auf der Insel, doch die Zahl der ungenießbaren ist genauso hoch. Es gibt tödlich giftige Pilze in Island. Deswegen sollen die nachfolgenden Ausführungen nur ein Wegweiser für erfahrene Pilzsammler sein, wonach sie Ausschau halten können. Manche Pilze sind nur in einem bestimmten Stadium zum Verzehr geeignet (z. B. Schopftintling, Coprinus comatus), auch gehen die Meinungen über die Essbarkeit mancher Pilze generell auseinander. Weißer Rasling (Lyophyllum connatum, *gráknypplingur*) gilt in Island als sehr guter Speisepilz, in Deutschland wird er als gefährlich eingestuft!

In vielen Grasflächen wächst der Bovist (Bovista nigrescens, *gorkúla*). Er kann, solange er im Inneren rein weiß ist, in Scheiben geschnitten und paniert wie Schnitzel gebraten werden. Riesenbovist ist in Island sehr selten.

Der Goldgelbe Lärchen-Röhrling, kurz Goldröhrling (Suillus grevillei, *lerkisveppur*) wächst wie sein Name sagt nur in Gesellschaft von Lärchen und gilt als guter Speisepilz. Sein Verwandter, der Kuhröhrling (Suillus bovinus, *nautasveppur*)

Berserkjasveppur, Berserkerpilz, ist der isländische Name vom Fliegenpilz, und er soll angeblich darauf zurückzuführen sein, dass kampflustige Wikinger ihn vor dem Angriff gegessen haben, um dann wie von Sinnen unter ihren Feinden zu wüten. Ob das stimmt, weiß man nicht.

ist verhältnismäßig neu in Island und dementsprechend sehr selten, aber ebenfalls essbar. Der Birkenpilz (Leccinum scabrum, *kúalubbi*) wächst in Birkenwäldchen und ist getrocknet besonders schmackhaft. Seinem Namen Ehre macht der Pfefferröhrling (Chalciporus piperatus, *piparlubbi*), den man häufiger in der Nähe von Sträuchern findet.

Der isländische Name vom Steinpilz (Boletus edulis) weist auf seinen kulinarischen Wert hin: *kóngssveppur*, Königspilz. Man findet ihn in Westisland und rund um Akureyri, vor allem in Birkenwäldchen, aber er ist eher selten.

Ein beliebter Speisepilz ist der Wiesen-Ellerling (Camarophyllus pratensis, *vallhnúfa*), der sich hervorragend trocknen lässt und somit in der Winterzeit als Würzmittel genutzt werden kann. Man findet ihn im Grasland.

Den Wiesen-Champignon (Agaricus campestris, *túnætisveppur*) sammelt man am besten in den Hofwiesen verlassener Gehöfte.

Pilze lassen sich gut konservieren, indem man sie trocknet. Ihr Geschmack wird dadurch außerdem intensiver. Am einfachsten ist es, die Pilze sorgfältig abzubürsten – nicht mit Wasser waschen – und sie dann in dünne Scheiben zu schneiden und auf einem Backblech bei 30 bis 50° C etwa drei Stunden zu backen. Dabei sollte man sie nach der Hälfte der Zeit einmal wenden. Abkühlen lassen und in einem Glas mit Schraubverschluss aufbewahren.

Hat man beim Zelten Nähzeug dabei, kann man sich mit dem Auffädeln von Pilzscheiben die Zeit vertreiben, oder man knotet ganze Pilze kopfüber an eine Schnur. Die so entstandenen Girlanden trocknet man, wenn das Wetter es erlaubt, in Sonne und Wind, ansonsten über dem Grill (nicht zu dicht über die Kohlen hängen).

Obdachlosen-Steak

Rónasteik

für 2 Personen

300 g	Gehacktes, fein
	Salz und Pfeffer
1 TL	getrocknete Kräuter
8	Vollkorn-Toast-Scheiben
1 EL	Öl
4	Eier
1	Dose Baked Beans

Gehacktes würzen, gleichmäßig jeweils auf eine Seite der Toastscheiben streichen und die Brote in der Pfanne in etwas Öl gut durchbraten. Aus der Pfanne nehmen, Spiegeleier darin braten.

Jeweils ein Ei auf eine Toastscheibe legen, Baked Beans darüber verteilen und mit einer zweiten Toastscheibe abschließen, wobei die Fleischseite jeweils zum Ei hin zeigen soll.

Ein klassisches Campinggericht am Handelsfeiertag – dazu trinken Isländer Cola, die mit *brennivín* verlängert oder mit Kardamomtropfen aromatisiert wird.

Um ein Heißgetränk aus Isländisch Moos (Cetraria islandica) zuzubereiten, brauchen Sie 750 ml Milch, eine Handvoll Isländisch Moos, 1 EL braunen Zucker und ½ TL Salz. Isländisch Moos sehr gründlich reinigen und abspülen, um alle Gras- und Erdreste zu entfernen. Währenddessen die Milch aufkochen. Isländisch Moos hineingeben, mit Zucker und Salz würzen und zwei bis drei Minuten köcheln lassen.

Apfel-Fleisch

Eplaflesk

600 g Schweinenacken, ausgelöst
1 TL Öl
4 große Zwiebeln
4 säuerliche Äpfel
Paprikapulver
Thymian, frisch oder getrocknet

Zwiebeln und Äpfel schälen, Äpfel vierteln, beides in dünne Scheiben schneiden.

Fleisch in dünne Scheiben schneiden (½ cm). Öl in die Pfanne geben und das Fleisch bei hoher Hitze etwa eine Minute auf jeder Seite braten, dann die Hitze verringern und das Fleisch weiterbraten, bis es den gewünschten Bräunungsgrad hat. Fleisch aus der Pfanne nehmen, salzen und pfeffern und das meiste Fett aus der Pfanne wegschütten.

Zwiebeln bei hoher Hitze in der Pfanne anbraten, dann die Äpfel dazugeben und zwei bis drei Minuten weiter schmoren. Mit Paprika, Thymian, Salz und Pfeffer würzen. Fleisch auf den Äpfeln und Zwiebeln anrichten. Dazu reicht man mit Butter bestrichenes *rúgbrauð* oder Zwiebelbaguette.

Nicht alles, was man sammelt, muss (und kann) man essen. Sammeln und trocknen Sie doch Kräuter für ein isländisches Duftsäckchen – es könnte Blätter von Heidelbeere, Thymian und Wildbirke, Blüten von Mädesüß und Ruchgras-Ähren enthalten. Das ist auch ein schönes Mitbringsel.

Lammkeule aus der Grillgrube

Lambalæri í seyði

für 6 Personen

1	Lammkeule von 2½ kg
8 EL	Öl
4	Knoblauchzehen
	Salz und Pfeffer
	Kräuter nach Belieben

Fleisch in einer Grube zu garen hat eine jahrhundertelange Tradition. Man erhitzte früher Steine im Feuer, legte sie in eine Grube, das Essen darauf und verschloss die Grube mit einem weiteren großen Stein. Heute benutzt man Grillkohle.

Die Keule sollte nicht zu mager sein und nicht kälter sein als die Temperatur draußen. Man hebt eine Grube aus, die etwa 40 cm tief, 50 cm lang und 30 cm breit ist. Dabei sollte man die Grasnarbe so wenig wie möglich beschädigen und die entnommene Erde in der Nähe behalten, um sie später wieder einzufüllen. Wenn die Grube groß genug ist, passen auch noch Grillkartoffeln dazu! Den Boden der Grube bedeckt man mit nicht zu kleinen Steinen. Grillkohle wird darüber geschichtet.

Knoblauchzehen schälen, längs halbieren und in den Kräutern wenden. Mit einem scharfen, schmalen Messer 8 Stiche in die Keule machen, etwa 3 cm tief und so schmal wie die Knoblauchzehen, die man mit den gehackten Kräutern hineinsteckt. Lammkeule rundum großzügig mit Öl einpinseln, salzen und pfeffern. Außen aufgestreute Kräuter verglühen bei der hohen Hitze und sind deshalb nicht empfehlenswert.

Keule sehr sorgfältig in mehrere Lagen Alufolie einwickeln.

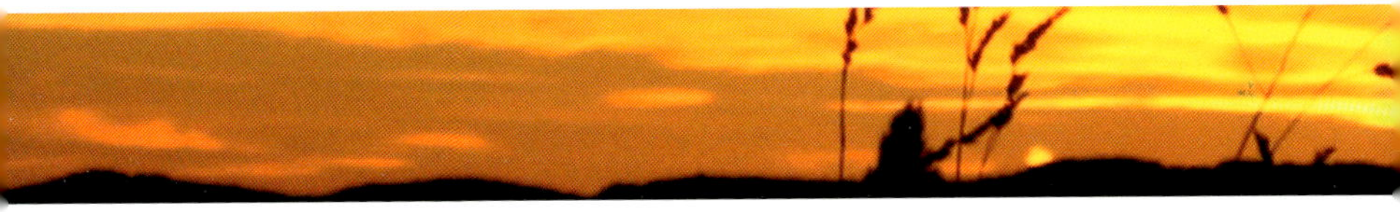

Damit das Fleisch saftig bleibt, dürfen keine offenen Löcher bleiben!

Die Grillkohle wird angezündet, dann legt man an den vier Ecken einige nicht zu große Steine darauf, die später die Lammkeule tragen. Erst wenn die Kohlen außen weißgrau sind, legt man die eingewickelte Keule darauf. Die Grube wird nun wieder verschlossen, aber nicht luftdicht, sonst geht die Glut aus. Am praktischsten ist es, einen Rost über die Grube und das ausgestochene Grasstück darauf zu legen, oder man benutzt einen genügend großen, flachen Stein.

Nach 40 Minuten Garzeit wird die Grube geöffnet, der Braten gewendet – Vorsicht mit den heißen Kohlen – und die Grube wieder geschlossen. Weitere 40 Minuten später ist die Lammkeule fertig.

Nach dem Essen muss die restliche Kohle gelöscht und die Grube wieder aufgefüllt und verschlossen werden, damit die Grasnarbe wieder zuwachsen kann. Am besten gießt man das von unten ausgedörrte Grasstück nach dem Wieder-Einpflanzen etwas an.

Auf chemische Grillanzünder und gefährlichen Spiritus kann verzichten, wer einen Stromanschluss in der Nähe des Grills und eine Heißluftpistole hat. Das Werkzeug wird auf höchste Temperatur und niedrigste Luftmenge eingestellt und damit wenige Minuten auf die Grillkohle geblasen, die sich durch die Hitze schnell entzündet. Wegen des möglichen Funkenflugs muss man bei dieser Methode aber sehr vorsichtig sein, sobald die ersten Kohlen brennen.

Ins Moos beißen Sich von den Schätzen der Natur zu ernähren (*að lifa á landsins gæðum*), steht allen Isländern frei. Zugereiste müssen bescheiden sein: Sie dürfen in der Allmende nur so viele Kräuter, Beeren oder Pilze sammeln, wie sie gerade verbrauchen können. Befinden sich die begehrten Pflanzen auf Privatland, kommt es darauf an, was Sie mit dem Landbesitzer vereinbart haben. Immer nur einen kleinen Teil der Pflanze wegnehmen, so dass sie nicht ernsthaft beschädigt wird. Pflanzen in Naturschutzgebieten sind tabu, egal, wie hungrig man ist!

Das gilt auch für die Angelika oder Engelwurz (Angelica archangelica, *ætihvönn*) im nach ihr benannten Gebiet Hvannalindir, das unter Naturschutz steht. An zahlreichen anderen Orten aber kann man dieses große Doldengewächs finden und nutzen, vor allem in der Nähe einiger verlassener Höfe in Hornstrandir in den Westfjorden, wo regelrechte Angelika-Wälder von zwei Metern Höhe entstanden sind. Angelika, deren kugelige Dolden handtellergroß werden und weiß blühen, wächst gerne an Ufern oder anderen feuchten, fruchtbaren Standorten weitab von Schafen und ihren scharfen Zähnen.

Angelika ist seit der Landnahmezeit ein wichtiges Nahrungsmittel. Ihre Wurzeln und Stiele waren ein wildes Gemüse, gekocht als Begleiter für Fischgerichte, roh mit *súrmjólk* und Sahne, oder für den Winter in Essig oder Molke sauer eingelegt – allerdings aß man sie hauptsächlich in Südisland. Die Menschen im Norden glaubten, dass Angelika ein „hitziges Temperament“ mache. Die Wurzel war ein bekanntes Heilmittel. Gegen Angstzustände und sogar die Pest sollte sie wirken, als erkältungslinderndes Mittel ist sie bis heute bewährt.

Angelika blüht über einen Zeitraum von 2-3 Wochen ab Juni, ihr Wurzelstock wird Ende September ausgegraben, die Stiele schon früher im Sommer geschnitten, weil sie sonst verholzen. Engelwurz wurde in Butter gebraten oder geröstet, oder roh als Beilage zu *harðfiskur* gegessen. Mit getrockneter, geriebener Wurzel würzte man das Brot. Die Blätter können als Suppengemüse oder im Salat gegessen werden, die gewürfelten Stiele kann man kandieren. Der Geschmack ist sehr aromatisch, weshalb Angelika Bestandteil vieler Kräuterschnäpse und Magenbitter ist. Schwangere sollten keine Angelika essen. Sie darf außerdem nicht mit einem anderen Doldengewächs, dem giftigen Riesen-Bärenklau, verwechselt werden.

Schafgarbe (Achillea millefolium, *vallhumall*) wird seit Jahrhunderten zu Heilzwecken genutzt und wächst im ganzen Land, vor allem aber im Nordosten, dort sogar im Hochland. Man findet die Pflanze oft in der Nähe von Höfen, aber auch am Wegrand und auf der Hochweide. Erntezeit ist zur Blüte im Frühsommer. Man kann mit ihren Blättern auch den Salat würzen. Tee von Schafgarbe wurde traditionell angewandt zur Wundheilung, bei Verdauungsbeschwerden, Appetitlosigkeit, Husten und laut einem alten Arzneibuch: „wo die Leber gestockt ist, schmilzt sie das Blut wieder", also bei Thrombosen.

Kümmel (Carum carvi, *kúmen*) wächst in den Hofwiesen Südislands. Seine Samen helfen bei Verdauungsbeschwerden. Obwohl Kümmel eins der wenigen Gewürze ist, das in Island wächst, und er in vielen anderen Ländern ein klassischer Begleiter von Lamm- und Kohlgerichten ist, gehört er hier nicht

Für einen Tee aus isländischen Kräutern verwendet man die Blätter folgender Pflanzen zum Beispiel in diesem Verhältnis: 40 g Thymian, 30 g Silberwurz, 20 g Alpen-Frauenmantel, 15 g Gänsefingerkraut und 10 g Schafgarbe. Je nach Geschmack kann man variieren, da der isländische Thymian aber sehr mild ist, sollte man davon am meisten nehmen.

zur traditionellen Küche. Vor vielen Jahrhunderten hat man ihn wohl als Gewürz bei der Herstellung von Käse verwendet. Der wildwachsende Kerbel (Anthriscus sylvestris, *kerfill*) dagegen wurde als Gemüse genutzt. Sehr beliebt war früher die Kerbelsuppe.

Isländisch Moos (Cetraria islandica) ist eine Flechte, kein Moos, trotz des Namens. Übrigens ist auch der isländische Name nicht treffender, denn hier heißt es *fjallagrös*, Berggräser. Von den über 700 bekannten Flechten-Arten in Island sind diese die berühmtesten, weil sie seit Jahrhunderten genutzt werden. Im Tauschkodex des 18. Jahrhunderts waren vier Fässer Isländisch Moos soviel wert wie ein Fass Mehl, als dessen Ersatz es oft herhalten musste.

Am besten lassen Sie sich von Einheimischen einmal das in kleinen Büscheln wachsende Isländisch Moos zeigen, bevor sie es sammeln gehen, denn es variiert im Aussehen: mal dunkelbraun bis fast schwarz und länglich-schmal, oder blattartig und hellbraun bis grünlich. Die Blattränder sind mit ganz feinen Haaren besetzt. Wenn man sich von dem urtümlichen Aussehen, dem erdigen Geruch und der algenartigen Konsistenz, wenn es einmal gekocht ist, nicht abschrecken lässt, hat man eine essbare Pflanze, der unzählige positive Eigenschaften zugeschrieben werden. Sie ist reich an Mineralstoffen und wirkt magenberuhigend. Tee aus Isländisch Moos hilft bei hartnäckigem, trockenem Husten und Heiserkeit, weshalb sogar Halstabletten daraus hergestellt werden.

Rhabarber (Rheum rhabarbarum, *rabarbari*) wächst zwar kaum wild in Island, wird aber in vielen kleinen Gärten angebaut. Seine Stiele werden zu der klassisch-isländischen Marmelade verarbeitet, oder besser gesagt verkocht, bis sie dunkelbraun karamellisiert ist. Der hohe Vitamin-C-Gehalt geht dadurch leider verloren. Die Blätter des Rhabarber sind nicht essbar. Sie enthalten ebenso wie Sauerampfer (Rumex acetosa, *túnsúra*) und Kleiner Sauerampfer (Rumex acetosella, *hundasúra*) Oxalsäure. Sauerampfer sollte deshalb in Maßen genossen werden. Man findet ihn in feuchten, nicht zu sonnigen Gebieten und verwendet die Blätter roh im Salat oder gedünstet als Gemüse, ähnlich wie Spinat, zum Beispiel in Rahmsauce.

Silberwurz (Dryas octopetala, *rjúpnalauf*, *holtasóley*) wächst in steinigen Wiesen. Sein isländischer Name *rjúpnalauf* (Schneehuhnlaub) weist darauf hin, dass man seine Blätter getrocknet für die Marinade vom „Falschen Schneehuhn“ verwenden kann. Silberwurz-Blätter wurden auch oft für einen Tee mit Thymian und Schafgarbe verwendet.

Die Blätter des Löwenzahn (Taraxacum officinalis, *túnfífill*) haben einen an Rucola erinnernden bitteren Geschmack, weshalb man nur junge Blätter sammeln sollte. Auch die hübschen Blüten kann man essen.

Isländischer Thymian (Thymus praecox arcticus, *blóðberg*) ist kleiner und milder als der mitteleuropäische Thymian, weshalb man etwas mehr von ihm braucht, wenn man Speisen damit würzt. Er wächst in Polstern an trockenen Stellen und blüht rosa-violett den ganzen Sommer über. Seine Blätter und Blüten wirken als Tee Husten lösend und helfen beim Einschlafen, sie sind darüber hinaus auch ein gutes Gewürz für Fleischgerichte und Grillmarinaden. Die beste Erntezeit für aromatische Kräuter ist vor der Blüte im Juni. Werden sie frisch verwendet, pflückt man sie am besten morgens nach einem Regenschauer, will man sie für später trocknen, dann besser an einem trockenen Tag.

Gebranntes Kind der Natur

Es gibt Islandreisende, die schwören, mit *brennivín* könne man Möbel abbeizen. Manche Isländer halten ihrem Branntwein mit dem Beinamen „Schwarzer Tod“ zugute, dass sein Geschmack alles auslöscht, womit der Gaumen beim traditionellen *Þorrablót*-Essen provoziert wurde. Und andere mögen ihn tatsächlich gern, eisgekühlt und pur, oder gemischt mit Cola oder Limonade.

Hinter dem Namen „Branntwein“ in der grünen Flasche mit dem furchteinflößend schwarzen, schlichten Aufdruck verbirgt sich ein Aquavit, gebrannt aus Kartoffeln, mit leichtem Kümmel-Aroma und 40% Alkoholgehalt.

Hat man keinen echten *brennivín*, kann man einen zumindest ähnlich schmeckenden Ersatz herstellen, indem man 1 Liter klaren, neutralen Branntwein, zum Beispiel Wodka, mit 40 g Kümmel und 40 g (braunem) Zucker etwa 3 Wochen ziehen lässt, bis der Zucker sich aufgelöst hat. Abseihen, am besten durch einen Kaffeefilter aus Papier, in eine elegante grüne Flasche füllen und im Kühlschrank aufbewahren. Skál!

Ein Mixgetränk namens „Russischer Beinbruch“ ist bei Camping-Ausflügen beliebt. Dazu braucht man einen Flachmann, der mit einem halben Päckchen blauem Opal und einer Handvoll Puderzucker gefüllt wird, dann gießt man mit isländischem Wodka (*Eldurís*) auf. Flasche verschließen und zwei Tage in der Sonne stehen lassen, fertig ist der „Kräuterbitter“. Vor dem Servieren eine Weile im Bach kühlen, aber darauf achten, dass nichts auslaufen kann.

Brennivínstod

Brennivínsbani

1 Kanne starker Kaffee
1 Münze, am besten ein 1-Kronen-Stück
1 hohes Glas
1 Flasche *brennivín*

Die Münze ins Glas legen und mit Kaffee auffüllen, bis die Münze nicht mehr sichtbar ist. Daraufhin gießt man solange *brennivín* ins Glas, bis die Münze wieder zu sehen ist. Dann wiederum Kaffee hineingeben, bis die Münze verschwindet, dann *brennivín* und so weiter und so fort, bis das Glas voll ist. Wenn die Münze dann unglücklicherweise nicht sichtbar sein sollte, trinkt man das Glas aus und beginnt die Prozedur von neuem. Wichtig: Sobald das Glas zwei Münzen enthält, hört man auf.

Anhang

Der Große Fischtag in Dalvík

Kleine Warenkunde

abgehangen (siginn). Bei Fisch: lange getrocknet, aber anders als Stockfisch mit mehr Restfeuchte.

ábrystir. Eine Art Pudding, hergestellt aus der Erstmilch einer Kuh (Kolostralmilch), die beim Kochen im Wasserbad gerinnt. Wird mit Zimt und Zucker bestreut serviert, oder mit Blaubeersaft übergossen.

ab-mjólk. Milchprodukt, erinnert an Kefir.

Bier (öl, bjór). Bis 1989 war Bier mit mehr Alkohol als 2,25% verboten. Heute gibt es mehrere einheimische Lagerbiere mit 4,6% bis 5,6% Alkohol, z. B. von Egils oder Viking sowie das für den Export produzierte Polar Beer. Es gibt kein Reinheitsgebot in Island, aber Egils Gull ist dennoch entsprechend gebraut. Andererseits enthält Viking Gold beispielsweise außer Quellwasser, Malz und Hopfen auch Mais und Zucker. Sterkur ist ein Starkbier mit 7% Alkoholgehalt. Isländer kaufen meistens heimisches Bier, gefolgt von skandinavischen Marken. Isländisches Bier kann durch das geschmacklich ähnliche Grøn Tuborg ersetzt werden.

bjúga (Mehrzahl bjúgu). Gepökelte, geräucherte grobe Fleischwurst, die gekocht serviert wird, aus Schaffleisch oder Pferdefleisch (hrossabjúga). Süßer Kartoffelbrei ist eine klassische Beilage dazu.

bland í poka. Gemischte, lose Süßwaren, vor allem Lakritz und Drops, die man sich im Kiosk für jeden gewünschten Preis zusammenstellen lassen kann.

Blaubeeren (bláber). Sammelbegriff für Heidel- und Rauschbeeren.

Blutwurst (blóðmör). Isländische Blutwurst wird in Schafsmägen gefüllt, die dann zugenäht werden, und enthält neben Blut auch Talg, Haferflocken und Roggenmehl, häufig auch Isländisch Moos. Man isst sie gekocht, heiß oder kalt, in Scheiben geschnitten. Die erkalteten Scheiben werden auch gerne gebraten und mit Zucker bestreut serviert. Eine beliebte Beilage dazu ist heißer Haferbrei.

bolludagsbolla. Wörtlich „Krapfentagskrapfen". Krapfen, der aufgeschnitten, mit Sahne gefüllt und mit Schokolade glasiert wird. Traditionelle Speise am Rosenmontag, der bolludagur heißt. Dieser Brauch stammt zwar aus dem Ausland, der Name des Feiertages hat jedoch isländischen Ursprung.

brauner Zucker (Farin). Rohr- oder Rübenzucker, klebrig und mit leichter Karamell-Note. Gibt vor allem súrmjólk zum Frühstück einen unvergleichlich isländischen Geschmack. Kann durch weißen Zucker (Raffinade) ersetzt werden.

buff. Kommt vom französischen „bœuf", bedeutet aber nicht Rindfleisch, sondern Klops (aus Fleisch oder Schaumzucker).

Butter. Isländische Butter ist in der Regel gesalzen. Ungesalzene Butter ist in grünes Papier eingewickelt.

djús. Kommt vom englischen „juice" und bedeutet Fruchtsaftkonzentrat, oder in der Verbindung „djamm og djús" (vom englischen „jam") ausgelassenes Feiern.

Eier. Von folgenden Seevögeln kann man von Ende Mai bis Juni Eier kaufen: Trottellumme, Eissturmvogel und Gryllteiste.

Eis. Meistens Milchspeiseeis mit Sahne, Soft-Eis. Wird zu jeder Jahreszeit gegessen. Häufig kann man verschiedene Saucen, Glasuren und Streusel dazu bestellen. Gefrorenes Wasser z. B. in Eiswürfeln heißt anders, nämlich klaki.

Eismeergarnelen. Pandalus borealis, auch Shrimps oder Grönland-Shrimps genannt, meistens fälschlich als Krabben bezeichnet. Können durch Nordseegarnelen („Nordseekrabben") ersetzt werden, die aber kleiner sind.

fermentieren (kæsa). Geruchsintensive Verarbeitungsmethode von Hai (wird roh gegessen) und Rochen (kæst skata wird traditionell am 23. Dezember gekocht und gegessen).

fiskbúðingur. Wörtlich „Fischpudding". Im Prinzip Formfleisch vom Fisch in der Dose, wird gekocht oder in Scheiben geschnitten gebraten und mit brauner Sauce oder Käsesauce serviert.

Frischkäse (rjómaostur). Gemeint ist immer ein sahniger Brotaufstrich, mit 22% absolutem Fettgehalt, nie quarkähnlicher Frischkäse. Der beste Ersatz ist Petit Suisse aus Frankreich.

frómas. Obwohl es wie das französische „fromage" klingt, bezeichnet es keinen Käse, sondern eine Creme-Speise, oft mit Zitronengeschmack (sítrónufrómas).

gellur. Oft als „Zunge“ des Fischs beschriebener Muskel, der am unteren Teil des Kopfes sitzt und als Delikatesse gilt.

Hai, fermentiert (kæstur hákarl). Wird roh in Würfel geschnitten gegessen und erinnert im Geschmack an überreifen Käse. Entgegen der Gerüchte ist fermentierter Hai nicht verdorben.

hangikjöt. Wörtlich „Hängefleisch“. Lamm- oder Schaffleisch, das einige Tage gepökelt und dann geräuchert wird. Als Brennmaterial fungiert Birken-, Weiden- oder Wacholderholz, oder, etwas urtümlicher, getrockneter Schafdung. Wird gekocht und in Scheiben geschnitten serviert (am liebsten mit Kartoffeln in süßer Béchamelsauce oder zuckerglasierten Kartoffeln), oder kalt als Aufschnitt (hangiálegg).

Hirschhornsalz. Ammoniumcarbonat, Backtriebmittel mit gewissem Eigenaroma. Kann durch Backpulver ersetzt werden.

Hot Dog. Auch wenn Ihnen der Hot Dog teuer erscheint, probieren Sie „einen mit allem“ (eina með öllu). Die Isländer sind überzeugt davon, die besten Hot Dogs der Welt zu machen. Wenn Sie einen Grund haben, das anders zu sehen, behalten Sie ihn für sich. Es ist aber recht unwahrscheinlich, dass der Fall eintritt. Die Standardformel besteht neben Würstchen und Brötchen aus Ketchup, süßlichem Senf, Remoulade und rohen sowie Röstzwiebeln. Manchmal gibt es auch feinherben Rotkohl oder süßsaure Gurkenscheiben mit ins Brötchen, oder etwas Skurriles wie Kartoffel- oder Garnelensalat.

humar. Was als humar angeboten wird, ist Kaisergranat. Die als humarsúpa bezeichnete Fertigsuppe aus der Dose enthält allerdings tatsächlich Hummer.

Kaisergranat (leturhumar, humar). Nephrops norvegicus, Krustentier. Auch als Langustine oder Scampi im Handel.

Ketchup. Um den isländischen Geschmack zu imitieren, setzt man normalem Ketchup einige Löffel Zucker zu.

kinnar. Wörtlich „Bäckchen“. Muskeln am Fischkopf (meist Kabeljau), die als Delikatesse gelten.

Kartoffelpüree. Wird in Island nicht zu zimperlich gesüßt und mit Muskat abgeschmeckt.

kavíar. In Island der Rogen des Seehasen, nicht des Störs. Auch Brotaufstrich in Tuben, dann aus Rogen von der Lodde. Ersatz: Forellenkaviar.

Krähenbeeren. Können durch Brombeeren ersetzt werden, die aber etwas saftiger sind und gröbere Kerne haben.

Kräuter-Sild (kryddsíld). In Kräuter-Essig-Beize eingelegter Hering. Matjes, auch gewässert, ist kein guter Ersatz, da zu salzig, Bismarckhering ist besser.

Lachsforelle. Sammelbegriff für alle Forellen mit rosafarbenem Fleisch.

Leberwurst (lifrarpylsa). Wird ähnlich wie Blutwurst hergestellt und in Schafsmägen eingenäht. Wird kalt oder warm serviert, in Scheiben geschnitten, gerne mit einem Glas Milch.

molakaffi. Wörtlich „Zuckerwürfel-Kaffee“. Ursprünglich wurde ein Zuckerstück zwischen die Schneidezähne geklemmt und dann schlürfte man einen Schluck Kaffee durch den Würfel, um ihn schließlich, eingeweicht, zu zerbeißen. Heute bezeichnet molakaffi auf Speisekarten einfach eine Tasse Kaffee ohne weitere Kuchenbeilagen.

mysingur, mysuostur. Brauner, süßlicher Käse aus Molke hergestellt. Mysingur ist streichfähig, mysuostur ein Schnittkäse.

Opal. Lakritzdrops in Schachteln, mit Menthol- (rot), Salmiak- (grün) bzw. Chloroform-Geschmack (blau), und eine Bonbonmarke (Opal brjóstsykur), z. B. Bismark (Pfefferminz) oder Peru (Birne).

Osterei (páskaegg). Wird in verschiedenen nummerierten Größen verkauft. Großes Schokoladen-Ei auf einem Sockel, das mit verschiedenen Süßigkeiten und (das ist das Wichtigste) einem Sinnspruch gefüllt ist. Das größte wiegt über 1300 Gramm.

Paté (kæfa). Häufig aus Lammfleisch und mit Kräutern gewürzt, oder aus Leber (lifrarkæfa).

Pferdefleisch. Wird in Island gern gegessen, vor allem Fohlen. Um welche Fleischsorte es sich bei einem Produkt handelt, wird nicht verdeckt, sondern immer im Klartext angegeben, so dass Touristen nicht befürchten müssen, aus Versehen Pferd zu essen.

Pilsner. Untergäriges Leichtbier mit 2,25% Alkoholgehalt nach Pilsener Brauart.

Prince Polo. Schokoladen-Kekswaffel aus Polen. Jahrzehntelang der Schokoriegel der Isländer. Früher war er in braun bedrucktes Goldpapier eingewickelt.

Saibling. Salvelinus alpinus. Schmackhafter Fisch, der in Flüssen (Bachsaibling) oder im Meer lebt und nur zum Laichen ins Süßwasser zurückkehrt (Seesaibling). Teilweise Zuchtfisch, kommt wild in Alpenseen vor. Kann durch Forelle ersetzt werden.

Salat. Wenn auf der Speisekarte nichts anderes dabei steht, handelt es sich um Rohkostsalat, hauptsächlich aus Weißkohl, in Nordamerika als Cole Slaw bekannt.

saltfiskur. Mit Salz konservierter Fisch, meist Kabeljau. In Südeuropa unter der Bezeichnung Bacalao erhältlich. Muss gewässert werden, bevor er zubereitet wird, wird häufig aber auch küchenfertig (úrvatnaður) angeboten.

Schokolade. Auch (und gerade) wenn Sie glauben, die Schweizer und Belgier seien die einzigen, die richtige Rahm-Schokolade herstellen können, probieren Sie die isländischen Marken. Der natürliche Fettgehalt der Milch isländischer Kühe ist hoch, und sie ernähren sich ausgesprochen gesund. Wie vieles in Island, ist die Schokolade süßer als in Mittel-Europa, aber dafür zarter.

Schwarzbrot (rúgbrauð). Es wird nicht wie Pumpernickel aus ganzen Körnern hergestellt, sondern aus Roggenmehl, und es ist süß. Gegessen wird es trotzdem mit herzhaftem Aufschnitt (Käse, Schinken, hangiálegg) und gesalzener Butter. Als Ersatz ist Pumpernickel geeignet.

Seehase. Im Isländischen gibt es verschiedene Begriffe für diesen Fisch, hrognkelsi heißt die Art, rauðmagi (Rotbauch) der männliche Fisch, der als wohlschmeckend gilt, und grásleppa (Grauschlampe) der weibliche, der ungenießbar, aber wegen des Rogens eine gern gesehene Beute ist. Der Rogen wird zu falschem Kaviar verarbeitet.

silungur. Sammelbegriff für alle Forellen (urriði, sjóbirtingur) und Saiblinge (bleikja).

skyndibiti. Wörtlich „ein Happen in Eile", Imbiss. Meist Hot Dogs, Sandwiches, Pommes frites oder Hamburger, neuerdings auch Pizza.

skyr. Quarkähnliches Milchprodukt mit über eintausend Jahre langer Tradition. Wird mit verschiedenen Früchten und Aromen, aber auch pur verkauft. Reiner skyr wird mit Milch gemischt und gerne mit Zucker bestreut serviert.

slátur. Eigentlich „Geschlachtetes", bedeutet Innereien, bezeichnet heute aber meist Blut- und Leberwurst.

sleikjó, tyggjó. Kurzworte für Lutscher und Kaugummi, wörtlich „Schlecki" und „Kaui", eigentlich sleikipinni und tyggigúmmí.

Smjörvi. Brotaufstrich aus Butter und Pflanzenöl.

Staatsmonopol. Das Monopol auf Alkohol und Tabak hat der Staat (ÁTVR), dessen Ladengeschäfte vínbúð heißen. Diese sind zwar im ganzen Land verteilt, aber es gibt trotzdem weniger als fünfzig davon, und zum Beispiel keins auf der fast 300 km langen Strecke zwischen Vík und Höfn.

Streichkäse, Schmelzkäse (smurostur). Brotaufstrich mit Käse. Viele verschiedene Sorten sind im Handel: mit Paprika, Pilzen, Knoblauch, Bacon, Hummer, Garnelen. Diese streichfähigen Käse werden häufig als Basis für Sahnesaucen und Suppen verwendet. Als Ersatz mischt man neutralen Schmelzkäse zu gleichen Teilen mit Frischkäse (s. o.) und den entsprechenden, frischen Zutaten wie z. B. Garnelen. Leicht-Schmelzkäse (léttostur) hat nur 6% Fett absolut.

sulta. Kann Marmelade oder Sülze bedeuten (z. B. sviðasulta = Kopfsülze, rifsberjasulta = Johannisbeermarmelade.)

súrmjólk. Gesäuertes, dickflüssiges Milchprodukt. Kann durch eine Mischung aus Buttermilch und Ricotta (zu gleichen Teilen) ersetzt werden. Hat nichts mit sauer gewordener, verdorbener Milch zu tun und ähnelt ihr geschmacklich auch nicht sehr.

svið. Abgesengte Schafsköpfe, die frisch gekocht (oder sauer eingelegt und dann gekocht) werden und heiß oder kalt halbiert auf den Tisch kommen.

takk fyrir matinn, takk fyrir mig. Ein Dankeschön für das Essen am Ende der Mahlzeit. Zwar legen Isländer ansonsten nicht viel Wert auf Etikette, aber ohne diesen Gruß vom Tisch aufzustehen, wird als unhöflich empfunden.

Trinkgeld. In Island unüblich.

Wiener Torte (vínarterta). Viele „West-Isländer" (Nachfahren isländischer Auswanderer nach Amerika) verstehen den Namen falsch und halten ihn für Freundestorte (Friendship Cake) oder Weintorte (Wine Tart). Es handelt sich um einen Kuchen aus mehreren Lagen, die mit Marmelade bestrichen sind.

vilkósúpur. Fertigsuppen der Firma Vilko, in verschiedenen Geschmacksrichtungen: Kakaosuppe, Süße Suppe, Blaubeersuppe. Gerade die Blaubeersuppe ist ein schönes Mitbringsel.

Kulinarischer Sprachführer Sortiert nach dem isländischen Alphabet (*á* nach *a*, *ð* nach *d*, und *þ*, *æ*, *ö* am Schluss)

ab-mjólk .... Milch mit Milchsäurebakterien
abt-mjólk .... Milch mit lebenden Milchsäurebakterien
aðalbláber .... Heidelbeere
aðalréttur .... Hauptgericht
aðfangadagur .... Heiligabend
að hætti hússins .... nach Art des Hauses
afhýða .... schälen, häuten
afsláttur .... Rabatt
afturhryggssneið .... T-Bone Steak
afþýdd(ur) .... aufgetaut
agúrka .... Gurke, saure Gurke
aktu-taktu .... Drive-In
aldinmauk .... Marmelade
ali- .... Mast-
allt upptekið .... alle Tische besetzt
ananas .... Ananas
andar- .... Enten-
anís .... Anis
appelsína .... Apfelsine, Orange
appelsínuhnappar .... Schokotaler Orangengeschmack
apríkósa .... Aprikose
aspas .... Spargel
aukefni .... Zusatzstoffe
ausa .... Schöpfkelle, schöpfen
austurlensk(ur) .... orientalisch
ábót .... Nachschlag
ábrystir .... Speise aus Kolostrum
ábætisostur .... Schmelzkäse
ábætisréttur .... Dessert
áfengi .... Alkohol
áfeng(ur), áfengt .... alkoholhaltig
á háum hita .... bei hoher Temperatur
á hnífsoddi .... Messerspitze
á lágum hita .... bei niedriger Temperatur
álegg .... Aufschnitt
álka .... Tordalk
áll .... Aal
áningarstaður .... Rastplatz
án .... ohne
án viðb. sykurs .... ohne Zuckerzusatz
á teini .... am Spieß
átta .... acht
ÁTVR .... staatl. Alkohol-Handel
ávaxta- .... mit Früchten
ávaxtasafi .... Fruchtsaft
ávextir .... Früchte
baka .... backen
bakaðar baunir .... Baked Beans
baka .... Pie, Quiche
bakarí .... Bäckerei
bakstur .... Backen
baldursbrá .... Kamille
bananabiti .... Schokolade mit Bananenfüllung
banani .... Banane
bar .... Bar
basil, basilikum .... Basilikum
baunir .... Erbsen, Bohnen

beikon .... Bacon
beinlaus .... ohne Knochen/Gräten
beiskur .... bitter
beit .... Köder
beitt(ur) .... scharf (Messer)
ber .... Beeren
best fyrir (lok) .... mindestens haltbar bis (Ende)
biðja um reikninginn .... um die Rechnung bitten
bindiefni .... Bindemittel
birkifræ .... Mohnsamen
bitafiskur .... Stockfisch-Stückchen
biti .... Stück, Happen
bjóða út að borða .... zum Essen einladen
bjór .... Bier
bjúga .... Siedewurst, gepökelt
blaðlaukur .... Porree, Lauch
blandaður, blönduð .... gemischt
blandari .... Standmixer
bland í poka .... gemischte Süßwaren
bláber .... Heidelbeere, Blaubeere
blálanga .... Blauleng
blár Kastali .... Blauschimmelkäse, vglb. Castello
bleikja .... Saibling
blesgæs .... Blässgans
blóðmör .... Blutwurst
blóm .... Blüte
blómkál .... Blumenkohl

boð .... Einladung
bolla .... Krapfen, Bowle
bolli .... Tasse
borða .... essen
borða yfir sig .... zuviel essen
borga .... bezahlen
box .... Dose
bragða .... probieren, schmecken
bragðaukandi efni .... Geschmacksverstärker
bragðdaufur .... fad, lasch
bragðefni .... Aromastoff
bragð .... Geschmack
bragðgóður .... wohlschmeckend
bragðsterkur .... aromatisch
brauð .... Brot
brauðmylsna .... Semmelbrösel
brauðostur .... Schnittkäse, vglb. Edamer
brauðrist .... Toaster
brauðsneið .... Brotscheibe
brauðréttur .... (heißes) Brot-Gericht
bráðna .... schmelzen, zerlassen
brennivín .... Branntwein
bretti .... Brettchen
brjóstsykur .... Bonbon

broddmjólk, broddur .... Kolostralmilch
brúnkaka .... brauner Kuchen
brúsi .... Flasche, Kanne
brýni .... Schärfstahl
buff .... Süßware: Schaumkuss, sonst: Klops
búðingur .... Pudding
búð .... Laden
búri .... Granatbarsch
Búri .... Schnittkäse, vglb. Havarti
bygg .... Gerste
börkur .... Schale, Rinde
chilipipar .... Chili
dauðadrukkinn .... schwerst betrunken
deig .... Teig
desilítri .... Deziliter
detta í það .... sich betrinken
dill .... Dill
diskur .... Teller
djúpkarfi .... Tiefenbarsch
djúpsteikt(ur) .... frittiert
djús .... Fruchtsaftkonzentrat
dolla .... Dose
dósaopnari .... Dosenöffner
dós .... Dose
drekka .... trinken
dropar .... Tropfen, Extrakt
drukkinn .... betrunken
drykkjarjógúrt .... Trinkjogurt
drykkjarmál .... Trinkgefäß
drykkjarmjólk .... Trinkmilch
drykkur .... Getränk
duft .... Pulver
dýrt .... teuer
döðlur .... Datteln
dökk(ur) .... dunkel
edik .... Essig
edrú .... nüchtern
eftirréttur .... Nachspeise
eggaldin .... Aubergine
egg .... Ei
eggjabikar .... Eierbecher
eggjahvíta .... Eiweiß, Eiklar
eggjarauða .... Eigelb
eitraður .... giftig
elda .... kochen
eldavél .... Herd
eldhúsáhöld .... Küchengeräte, -werkzeuge
eldhús .... Küche
eldisfiskur .... Zuchtfisch
eldislax .... Zuchtlachs
eldsneyti .... Brennstoff
eldspítur .... Streichhölzer
eldunaráhöld .... Kochgeräte
engifer .... Ingwer
engiferrót .... Ingwerwurzel
engjaþykkni .... Jogurtzubereitung
eplakaka .... Apfelkuchen
eplasafi .... Apfelsaft
epli .... Apfel
erfðabreytt(ur) .... genmanipuliert
fara á berjamó .... Beeren sammeln gehen
fara á fyllerí .... sich betrinken
fara út að borða .... essen gehen
fá ábót .... Nachschlag bekommen
fá sér drykk .... einen Drink einnehmen
fá sér meira .... einen Nachschlag nehmen
fá smá .... ein bisschen bekommen
fá sæti .... einen Sitzplatz bekommen, Platz nehmen
feit(ur) .... fett
fengur .... Beute beim Angeln
fennel, fennika .... Fenchel

fennelfræ........................... Fenchelsamen
ferskja.............................. Pfirsich
fersk(ur)........................... frisch
fetaostur.......................... Feta-Käse aus Kuhmilch
filé.................................. Filet
fiska................................ fischen
fiskur............................... Fisch
fiskborgari........................ Fischfrikadelle
fiskbúðingur..................... gegarte Fischfarce
fiskeldi............................ Fischzucht
fiskfars............................. Fischfarce
fiskhakk............................ Fischhack
fiskibollur......................... Fischbällchen
fiskikraftur....................... Fischfond
fiskréttur.......................... Fischgericht
fiskveiðar......................... Fischfang
fituskert(ur)..................... fettreduziert
fífill................................. Löwenzahn
fíkja................................. Feige
fín(n), fínt........................ fein
fjallableikja...................... Seesaibling
fjallagrös.......................... Isländisch Moos
fjallasúrmjólk.................... súrmjólk mit Kohlensäure
fjórréttað......................... mit vier Gängen
fjöldi................................ Anzahl
fjölkornabrauð.................. Mehrkornbrot
flak, flök........................... Fischfilet(s)
flaska............................... Flasche
flatfiskur........................... Plattfisch
flatkökur........................... Roggen-Fladen
flesk................................. Bacon
fleygja.............................. wegwerfen
flot................................... Schmalz (vom Schaf)
flórsykur........................... Puderzucker
flyðra............................... Weißer Heilbutt
flytja inn........................... importieren
flytja út............................. exportieren
flögur............................... Chips
folaldakjöt........................ Fohlenfleisch
form.................................. (Kuchen-)form
forréttur........................... Vorspeise
framleiðandi..................... Erzeuger, Hersteller
frampartur........................ Schulter, Bug
franskar (kartöflur)........... Pommes frites
franskbrauð...................... Weißbrot
franskt sinnep.................. Dijon-Senf
frauð................................. Mousse
freistandi.......................... verlockend
freyðivín........................... Schaumwein
frosinn............................. gefroren, tiefgefroren
frómas.............................. Dessertcreme
frystihús........................... Fischfabrik
frystikista......................... Gefriertruhe
frystir............................... Tiefkühlfach
fræ................................... Samen
fuglakjöt........................... Geflügel
full(ur).............................. betrunken
furuhnetur........................ Pinienkerne
fylling............................... Füllung
fyllt(ur)............................. gefüllt
fýll.................................... Eissturmvogel
gaffall............................... Gabel

ganga frá.......................... aufräumen, wegräumen
garður............................... Garten
gaskútur........................... Gasflasche
gellur................................ Muskel am Fischkopf
gerdeig.............................. Hefeteig
ger.................................... Hefe
gerilsneydd(ur)................. pasteurisiert
gestur............................... Gast
geymist í kæli................... im Kühlschrank aufzubewahren
geymsluþol........................ Haltbarkeit
G-...................................... H-, haltbar
gjörðu svo vel................... Bitte sehr, bedien dich
glas................................... Glas
glúten................................ Gluten
gos, gosdrykkur................ Softdrink
góðostur........................... Schmelzkäse
góð(ur), gott..................... gut, lecker
gómsæt(ur)....................... köstlich
grafinn.............................. mariniert
gramm, grömm.................. Gramm
grasker.............................. Kürbis
graslaukur......................... Schnittlauch
grautur.............................. Grütze, Brei, Kompott
gráðaostur........................ Schimmelkäse, vglb. Roquefort
grágæs.............................. Graugans
grálúða.............................. Schwarzer Heilbutt
grásleppa.......................... weiblicher Seehase
greiða................................ bezahlen
greipaldin.......................... Grapefruit, Pampelmuse
Grettir sterki..................... Schnittkäse, vglb. Havarti
grilla.................................. grillen
grillkol............................... Grillkohle

grís .... Ferkel
grjón .... Körner
gróðurhús .... Gewächshaus
gróf(ur), gróft .... grob
grænar baunir .... Erbsen
grænkál .... Grünkohl
grænmeti .... Gemüse

grænmetisréttur .... Gemüsegericht
grænmetisæta .... Vegetarier
grænn, grænt .... grün
gufusjóða .... dampfgaren
gullgráðaostur .... Blauschimmelkäse
gullostur .... Weißschimmelkäse
gulrófa .... Kohlrübe
gulrót, gulrætur .... Karotte(n), Möhre(n)
gul(ur), gult .... gelb
gúllas .... Geschnetzeltes
gæðaeftirlit .... Qualitätskontrolle
gæs .... Gans
hafragrjón .... Hafer
hafrakex .... Haferkekse, Grahamkekse
haframjöl .... zarte Haferflocken
hakkabuff .... Frikadelle, Klops
hakk .... Gehacktes
hamborgarhryggur .... Kassler Rippenspeer
hamborgari .... Hamburger
hamsatólg .... Griebenschmalz (Lamm)
hanastél .... Cocktail
handþeytari .... Handmixer
hangiálegg .... Hangikjöt-Aufschnitt
hangikjöt .... Räucher-Lammfleisch
harðfiskur .... Stockfisch
harðsoðið egg .... hart gekochtes Ei
harður, hart, hörð .... hart
hádegismatur .... Mittagessen
háfur .... Dornhai
hákarl .... Hai
hálf(ur), hálft .... halb
hátíðaréttur .... festliches Gericht
hefðbundin matreiðsla .... traditionelle Küche
heiðagæs .... Kurzschnabelgans
heilhveitibrauð .... Vollkornbrot
heilhveitihorn .... Vollkornhörnchen
heilhveiti .... Vollkorn-Weizenmehl
heill, heilt .... ganz, ganzes
heit(ur), heitt .... heiß
helgidagur .... Feiertag
helmingur .... Hälfte
helsingi .... Nonnengans
henda .... wegwerfen
herramannsmatur .... festliches Essen
hert(ur) .... getrocknet (bei Fisch)
heslihnetur .... Haselnüsse
hindber .... Himbeeren
hitabrúsi .... Thermoskanne
hita .... erhitzen
hitakanna .... Thermoskanne
hiti .... Temperatur
hjartarsalt .... Hirschhornsalz
hjálpa .... helfen
hjónabandssæla .... ähnl. Linzer Torte
hlaðborð .... Büffet
hlaup .... Gelee, Geleebonbon, Wackelpeter
hlýri .... Gefleckter Seewolf, Katfisch
hnetubrjótur .... Nussknacker
hnífapar .... Besteck
hnífur .... Messer
hnúðselja .... Knollensellerie
holdahæna .... Masthuhn
holdanaut .... Mastrind
holl(ur), hollt .... gesund
horn .... Hörnchen
hrá(r), hrátt .... roh
hrefna .... Zwergwal
hreindýr .... Rentier
hrein(n), hreint .... rein
hreinsa .... säubern
hrist(ur) .... geschüttelt
hrísgrjón .... Reis
hrognkelsi .... Seehase, Lumpfisch
hrogn .... Rogen
hrossakjöt .... Pferdefleisch
hrútaber .... Steinbeere
hryggur .... Rücken
hryggvöðvi .... Filet
hræra .... rühren
hrærð egg .... Rührei
hrærð(ur), hrært .... gerührt
hrærivél .... Rührgerät
hrökkbrauð .... Knäckebrot
humar .... Languste, Hummer
hunang .... Honig
hundasúra .... Sauerampfer
hvað kostar...? .... was kostet...?
hvalkjöt .... Walfleisch
hvalveiðar .... Walfang

hveitikím .... Weizenkeim
hveitiklíð .... Weizenkleie
hveiti .... Weizenmehl
hve mikið? .... wie viel?
hverabrauð .... im Wasserbad gegartes Brot
hversdagsréttur .... Alltagsgericht
hvítkál .... Weißkohl
hvítlauksgeiri .... Knoblauchzehe
hvítlaukspressa .... Knoblauchpresse
hvítlaukur .... Knoblauch
hvítvín .... Weißwein
hvönn .... Angelika, Engelwurz
hýðishrísgrjón .... Naturreis
hænsn .... Hühner
hænuegg .... Hühnerei
höfðingi .... Weißschimmelkäse
hörfræ .... Leinsamen
hörpuskel .... Jakobs-, Pilgermuschel
illt í maganum .... Bauchschmerzen
innfluttur .... importiert
innifalið .... inklusive
innihald, inniheldur .... Inhalt, enthält
innkaup .... Einkauf
innlend(ur), innlent .... einheimisch
í bitum .... in Stücken
ídýfa .... Dip
ísbúð .... Eisdiele
Ísbúi .... Schnittkäse, vglb. Danbo
ísdýfa .... Glasur für Soft-Eis
ís .... Eis
íslensk(ur), íslenskt .... isländisch
ísmoli .... Eiswürfel
ísskápur .... Kühlschrank
jafningur .... Béchamelsauce
jarðarber .... Erdbeeren

jarðhnetur .... Erdnüsse
jógúrt .... Jogurt
jólakaka .... Rührkuchen mit Rosinen
jurtaís .... Fruchteis
jurtaæta .... Pflanzenfresser
jurt .... Pflanze
jöklasalat .... Eisbergsalat
kaffibolli .... Kaffeetasse
kaffihús .... Café
kaffi .... Kaffee
kaffikanna .... Kaffeekanne
kaffirjómi .... Kaffeesahne
kaffitími .... Zeit zum Kaffeetrinken
kaffivél .... Kaffeemaschine
kaka, kökur .... Kuchen
kakó .... Kakao(-pulver, -fertig-getränk)
kakó töggur .... Kakao-Toffees
kaldur, kalt, köld .... kalt
kalkúni .... Truthahn, Pute
kambur .... Nacken, Kamm
kamillute .... Kamillentee
kampavín .... Champagner
kanill .... Zimt
kanilsnúðar .... Zimtschnecken
kanína .... Kaninchen
kanna .... Kanne
kapers .... Kapern
karamellufyllt .... mit Karamellfüllung
karamellur .... Toffees
kardimomma .... Kardamom
karfi .... Rotbarsch, Goldbarsch
karrí .... Curry, gelb
karsi .... Kresse
kartafla, kartöflur .... Kartoffel(n)
kartöfluflögur .... Kartoffelchips
kartöflumjöl .... Kartoffelmehl
kartöflustappa .... gestampfte Kartoffeln
kassi .... Kasse
kassi .... Kiste
Kastali .... Weißschimmelkäse
kaupa inn .... einkaufen
kavíar .... Seehasenrogen, Kaviar
kálfasneið .... Kalbsschnitzel
keila .... Brosme
keimur .... Aroma
kennd(ur) .... angeheitert
ketill .... Kessel
kex .... Keks
kindakjöt .... Schaffleisch, Hammel
kinnar .... Bäckchen vom Fisch
kirsuber .... Kirschen
kíló .... Kilo
kínakál .... Chinakohl
kíví .... Kiwi
kjúklingabringa .... Hähnchenbrust
kjúklingalæri .... Hähnchenkeule

kjúklingur	Hähnchen
kjöt	Fleisch
kjötbúðingur	Formfleisch
kjötfars	Fleischfarce
kjötkraftur	Fleisch-Extrakt
kjötréttur	Fleischgericht
klaki	Eiswürfel
kláravín	klarer Branntwein
kleinuhringir	Donuts
klettasalat	Rucola
kokkteill	Cocktail
kokkteilsósa	Cocktailsauce
kokkur	Koch, Köchin

koli	Scholle, Goldbutt
kolkrabbi	Tintenfisch
kolsýra	Kohlensäure
konfekt	Konfekt
konfektsíld	Hering in Gewürz-Marinade
konjak	Cognac
Konsum súkkulaði	Kuvertüre
kornbrauð	grobes Brot
kornflögur	Cornflakes
kotasæla	Hüttenkäse
kófdrukkinn	schwer betrunken
kók	Cola
kókosbolla	Schaumkuss mit Kokos
kókosmjöl	Kokosflocken
kókómjólk	Kakaogetränk
kólna	erkalten, kühlen
kópur	Heuler (junger Seehund)
kóríander	Koriander
kótilettur	Koteletts
krabbi	Krebs
krap	Sorbet
krauma	köcheln
krá	Kneipe
Krembrauð	Keks mit Creme gefüllt in Schokolade
Kristall	Erfrischungsgetränk
Kropp	Crispkugeln mit Schokoüberzug
krukka	Glasbehälter
kryddblanda	Gewürzmischung
krydd	Gewürz
kryddjurt	Kräuterpflanze
kryddkaka	Gewürzkuchen
kryddleginn	in Kräuter-Marinade
kryddlögur	Gewürzlake
kryddsíld	Hering in Kräutertunke
kryddsmjör	Kräuterbutter
kryddvöndur	Bouquet garni
krækiber	Krähenbeere
kræklingur	Miesmuschel
kúlur	Schokokugel mit Karamellkern
kúlusúkk	Schokokugeln mit Lakritzkern
kúrbítur	Zucchini
kúrenur	Korinthen
kveikja eld	Feuer entzünden
kveikjari	(Grill-)Anzünder
kvittun	Quittung
kvöldverður	Abendessen
kæfa	Paté
kæst(ur)	fermentiert
kökukefli	Nudelholz
kökumót	Kuchenform
kökur	Kuchen, Kekse
lageröl	Lagerbier
lakkrís	Lakritz
lakkrís töggur	Lakritz-Toffees
lambakjöt	Lammfleisch
landi	selbst gebrannter Schnaps
langa	Lengfisch
langhali	Grenadierfisch
langloka	Baguette-Sandwich
langlúra	Rotzunge
langvía	Trottellumme
lasagna	Lasagne
laufblöð	Blätter
laukur	Zwiebel
laust borð	freier Tisch
lax	Lachs
lárpera	Avocado
lárviðarlauf	Lorbeerblatt
leggja á borð	Tisch decken
lengja	Schokoriegel
leturhumar	Kaisergranat
léttmjólk	fettarme Milch
létt og laggott	Butterprodukt mit Soja-Öl
léttostur	Leicht-Schmelzkäse
létt(ur)	light, Leicht-
lifrarbuff	Leberklops
lifrarkæfa	Leberpastete
lifrarpylsa	traditionelle Leberwurst
lifur	Leber

linsoðið egg ..... weich gekochtes Ei
linsubaunir ..... Linsen
litarefni ..... Farbstoff
lífræn ræktun, lífrænt ..... aus biologischem Anbau
líkjör ..... Likör
lítill ..... klein
lítri ..... Liter
ljós(t) ..... hell
lokað ..... geschlossen
lok ..... Deckel
lubbi ..... Muskel am Fischkopf
lummur ..... dicke Pfannküchlein
lundi ..... Papageitaucher
lund, lundir ..... Filet
lúða ..... Weißer Heilbutt
lúka ..... Handvoll
lyftiduft ..... Backpulver
lýr ..... Pollack, Steinköhler
lýsa ..... Wittling, Merlan
lýsi ..... Lebertran
lýsingur ..... Seehecht
læri ..... Keule
lærissneiðar ..... Beinscheiben
magi ..... Magen
magn ..... Menge
magur(t) ..... mager
maís ..... Mais
maísmjöl ..... Maismehl
maísstönglar ..... Maiskolben
majónes ..... Mayonnaise
makkarónur ..... Makkaroni, Makronen
malað(ur) ..... gemahlen
malakoff ..... Wurst, vglb. Mortadella
Malt Extrakt ..... Malzbier
maltöl ..... Malzbier
mandarína ..... Mandarine
mangó ..... Mango
marengs, marens ..... Baiser
margréttað ..... mit vielen Gängen
maríneruð síld ..... eingelegter Hering
marmarakaka ..... Marmorkuchen
marmelaði ..... Marmelade
marsipan ..... Marzipan
matarkex ..... milder Keks
matarlím ..... Gelatine
matarolía ..... Speiseöl
matarsódi ..... Natron
matartími ..... Essenzeit
matreiðsla ..... Kochen, Essen zubereiten
matreiðslumeistari ..... Koch
matreiðslurjómi ..... Kochsahne
matseðill ..... Speisekarte
matsölustaður ..... Gaststätte
matur ..... Essen
matvörur ..... Lebensmittel
matvöruverslun ..... Lebensmittelladen
má ekki borða ... . darf... nicht essen
meðal ..... mittel(groß)
með hnetum ..... mit Nüssen
með hrískúlum ..... mit Crispreis
með karamellubragði ..... mit Karamellgeschmack
með klaka ..... mit Eiswürfeln
meðlæti ..... Beilage
með ..... mit
með rúsínum ..... mit Rosinen
með öllu ..... mit allem
megrun ..... Diät, Abnehmen
melóna ..... Melone
meyr(t) ..... zart
mig langar að fá... ..... ich hätte gern...
minta ..... Pfefferminze
mjólk ..... Milch
mjólkurafurðir ..... Milchprodukte
mjólkurbú ..... Hof mit Milchwirtschaft
mjólkurduft ..... Milchpulver
mjólkurkanna ..... Milchkännchen
mjólkurkex ..... milder Keks
mjólkurkýr ..... Milchkuh

mjúk(ur) ..... weich
molakaffi ..... Tasse Kaffee und Zuckerwürfel
molasykur ..... Zuckerwürfel
morgunverður ..... Frühstück
móttaka ..... Empfang
múskat ..... Muskat
múslí ..... Müsli
myglaður ..... verschimmelt
mygluostur ..... Schimmelkäse
myrja ..... Schmelzkäse mit Schinken
mysa ..... Molke
mysingur ..... Molke-Streichkäse, süß
mysuostur ..... Molke-Schnittkäse, süß
mæla ..... messen
möndlukaka ..... Mandelkuchen
möndlumassi ..... Marzipan
möndlur ..... Mandeln, Süßware: Kugeln

mit Toffeefüllung
mötuneyti ... Kantine
nautakjöt ... Rindfleisch
negull ... Nelken
negulnagli ... Gewürznelke
nektarína ... Nektarine
nesti ... Proviant, Snack
netaveiði ... Fischen mit Netz
neysla ... Verbrauch
neysluvatn ... Trinkwasser
niðursoðið ... Konserven
njóli ... Gemüse-Ampfer
normalbrauð ... Graubrot
nóta ... Rechnung
núðlur ... Nudeln

nýmjólk ... Frischmilch
ný(r), nýtt ... frisch
nýrnabaunir ... Kidneybohnen
nýstárleg matreiðsla ... moderne Küche
næpa ... weiße Rübe
næringarfræði ... Ernährungslehre
næringaríkur ... nahrhaft
næringasnauður ... wenig nahrhaft
of dýrt ... zu teuer
of lítið ... zu wenig, zu klein
of mikið ... zu viel
ofn ... Backofen
ofnbakaður ... im Ofen gebacken
ofnsteikt(ur) ... aus dem Ofen
ofnæmi ... Allergie
of stórt ... zu groß
ofurölvi ... zu schwer betrunken
olía ... Öl
Opal ... Lakritzdrops
opið allt árið ... das ganze Jahr geöffnet
opið ... geöffnet
ostaskeri ... Käsehobel
ostaterta ... Käsekuchen
ostra ... Auster
ostur ... Käse
óáfeng(ur) ... alkoholfrei
ódýrt ... preiswert
óðalsostur ... Schnittkäse, vglb. Emmentaler, Jarlsberg
óholl(ur) ... ungesund
ólífa ... Olive
ólífuolía ... Olivenöl
óreganó ... Oregano
óþol ... Unverträglichkeit
óætur ... ungenießbar
pakki ... Packung
panna ... Pfanne
panta ... bestellen
panta borð ... Tisch bestellen
paprika ... Paprika
paprikuduft ... Paprikapulver
partí ... Party
pastafiðrildi ... Farfalle, Schmetterlingsnudeln
pastalengjur ... Spaghetti, Tagliatelle
pasta ... Nudeln
pastaréttur ... Nudelgericht
pastaskrúfur ... Spiralnudeln
páskaegg ... Osterei
pera ... Birne
Peru brjóstsykur ... Fruchtbonbon Birne
pétursbeita ... Muskel am Fischkopf
Pilsner ... untergäriges Bier mit 2,25% Alkoholgehalt
piparkorn ... Pfefferkorn
piparmyntufyllt ... mit Pfefferminzfüllung
pipar ... Pfeffer
piparrót ... Meerrettich
piparstaukur ... Pfefferstreuer
pitsa ... Pizza
planta ... Pflanze
platti ... kalte Platte
plóma ... Pflaume
poki ... Tüte, Beutel
popp, poppkorn ... Popcorn
Pops ... Puffreis in Schokolade
pottlok ... Topfdeckel
pottréttur ... Eintopf
pottur ... Topf
pressuger ... Frischhefe
primus ... Gaskocher
Prince Polo ... Schokokeks
prjónn ... Spieß
puttamatur ... Finger Food
púðursykur ... brauner (Rohr-)Zucker
púrra ... Porree, Lauch
púrtvín ... Portwein
pylsa, pylsur ... Würstchen, Hot Dog
pylsubrauð ... Hot-Dog-Brötchen
pöbb ... Pub
pönnukaka ... Pfannkuchen

rabarbari	Rhabarber
radísur	Radieschen
raspað(ur)	geraspelt
rasp(ur)	Paniermehl
rauðkál	Rotkohl
rauðmagi	männlicher Seehase
rauðspretta	Scholle, Goldbutt
rauð(ur), rautt	rot
rauðvín	Rotwein
regnboga silungur	Regenbogenforelle
reikningur	Rechnung
remolaði	Remoulade
reyklaus	Nichtraucher-
reykt kjöt	Räucherfleisch
reykt(ur)	geräuchert
reyniber	Vogelbeere
réttur	Gericht
rifinn ostur	Reibkäse
rifjasteik	Hohe Rippe
rifjárn	Reibeisen
rifjur	Spare Ribs
rifsber	rote Johannisbeeren
rindlar	Schokokugeln mit Karamellkern
ristað brauð	Toastbrot
rjómabolla	süßes Sahne-Teilchen
rjómahnappar	Vollmilch-Schokotaler
rjómaís	Milchspeise-Eis mit Sahne
rjómaostur	sahniger Frischkäse, vglb. Petit Suisse
rjómasósa	Sahnesauce
rjómasúkkulaði	Vollmilch-Schokolade mit Sahne
rjómaterta	Sahnetorte
rjóma töggur	Sahne-Toffees
rjómi	Sahne
rjúpa	Schneehuhn
romm í kók	Cola-Rum
romm	Rum
rotvarnarefni	Konservierungsstoff
rófa	Rübe
rósakál	Rosenkohl
rósavín	Rosé
rósmarín	Rosmarin
rót	Wurzel
rusl	Müll
rúgbrauð	Roggen-, Schwarzbrot
rúgmjöl	Roggenmehl
rúllupylsa	Wurst, vglb. Andouille
rúlluterta	Biskuitkuchen, gerollt
rúnnstykki	Brötchen
rúsínubolla	Rosinen-Teilchen
rúsínur	Rosinen
rækja	Garnele, Eismeergarnele, Shrimp
rækta	anbauen
rör	Strohhalm
saffran	Safran
safi	Saft
safna sprekum	Feuerhölzchen sammeln
salat	(Rohkost-)Salat
sala	Verkauf
saltaður, söltuð	gesalzen
saltfiskur	Klippfisch
salthnetur	gesalzene (Erd-)Nüsse
saltkjöt	Pökelfleisch vom Schaf
saltlakkrís	Salmiaklakritz
salt og pipar	Salz und Pfeffer
salt	Salz
saltstangir	Salzstangen
saltstaukur	Salzstreuer
salt(ur), sölt	salzig
salvía	Salbei
samkvæmi	Zusammenkunft
samloka	Sandwich
samlokubrauð	Sandwichbrot
samlokugrill	Sandwichtoaster
sandhverfa	Steinbutt

sandkoli	Kliesche
saxaður	gehackt
seigur	zäh
selja	verkaufen
sellerí	Sellerie
selleríistöngull	Staudensellerie
selur	Seehund
sesamfræ	Sesamsamen
setja í uppþvottavélina	Spülmaschine einräumen
seyði	Grillgrube
seytt	im Wasserbad bereitet
sérrí	Sherry
sérrísíld	Hering in Sherry-Sauce
siginn	abgehangen, getrocknet
sigti	Sieb
silungur	Forelle, Lachsforelle
sinnep	Senf
sía	Filter
sílamávur	Heringsmöwe

síld ... Hering
síróp ... Sirup
sítróna ... Zitrone
sítrónubörkur ... Zitronenschale
sjálfsafgreiðsla ... Selbstbedienung
sjávarréttir ... Meeresfrüchte
sjoppa ... Kiosk
sjóbirtingur ... Meerforelle
sjóða ... kochen
sjómannadagur ... Seemannstag
sjóstangaveiði ... Hochseefischen
sjóurriði ... Meerforelle
sjúss ... kleiner Drink
skammtur ... Portion
skarfakál ... Löffelkraut
skarkoli ... Scholle, Goldbutt
skata ... Rochen
skála ... anstoßen
Skál! ... Prost! Zum Wohl!

skeið ... Löffel
skeljar ... Schokoladenbohnen
skemmta sér ... sich vergnügen, ausgehen
skemmtun ... Party, Feiern
skera ... schneiden
skinka ... Schinken
skollaber ... Schwedischer Hartriegel
skosk rjúpa ... schottisches Schneehuhn
skotveiði ... Jagd mit Schusswaffen
skógarber ... Waldbeeren
skólaostur ... Schnittkäse, vglb. junger Gouda
skreið ... Trockenfisch
skræla ... schälen
skúffukaka ... Blechkuchen
skyndibitastaður ... Fast-Food-Restaurant
skyndibiti ... Fast Food
skyr ... Milchprodukt
skæri ... Schere
skötuselur ... Seeteufel, Lotte, Anglerfisch

sláturhús ... Schlachthaus
slátur ... Innereien, traditionelle (Leber-, Blut-)Wurst
sleif ... Holzlöffel
sleikjó ... Lutscher
slétthali ... Grenadierfisch
smakka ... probieren, schmecken
smá ... ein bisschen
smákaka ... Plätzchen
smákökur ... Plätzchen
smálúða ... Schwarzer Heilbutt
smáréttur ... Snack, Zwischenmahlzeit
smásteik ... Geschnetzeltes
smjör ... Butter
smjörlíki ... Margarine
smjörvi ... Butterprodukt mit Soja-Öl
smokkur ... Kalmar, Kondom
smurostur ... Schmelz-, Streichkäse
snafs ... Schnaps
snarl ... Reste-Essen, Kleinigkeit
snefilefni ... Spurenelemente
sneið ... Scheibe
snitzel ... Schnitzel
snúður ... (Zimt-)Schnecke
soð ... Brühe
sojaolía ... Soja-Öl
sojasósa ... Sojasauce
sopi ... Schluck
sódavatn ... Sodawasser
sólber ... schwarze Johannisbeeren
sólblómafræ ... Sonnenblumenkerne
sólblómaolía ... Sonnenblumenöl
sólflúra ... Seezunge
sólkjarnabrauð ... Sonnenblumenkernbrot
sólkoli ... Limande, Echte Rotzunge
sósa ... Sauce
sósujafnari ... Soßenbinder
spaði ... Pfannenwender
spagettí ... Spaghetti
spergilkál ... Broccoli
spergill ... Spargel
spínat ... Spinat
sprotakál ... Broccoli
sproti ... Sprosse
spægipylsa ... Cervelatwurst
spæld egg ... Spiegelei
stangaveiði ... Angeln
stappað(ur), stöppuð ... gestampft
steikja ... braten
steik ... Steak, Fleisch
steikt(ur) ... gebraten
steiktur laukur ... Röstzwiebeln
steinbítur ... Steinbeißer, Katfisch, Gestreifter Seewolf
steinefni ... Mineralstoffe
steinlaus ... ohne Kerne
steinselja ... Petersilie

sterkja	Stärke
sterk(ur), sterkt	scharf (Geschmack)
stokkönd	Stockente
stór	groß
Stóri Dímon	Schimmelkäse
stórkjafta	Flügelbutt, Scheefschnuut
stórlúða	Weißer Heilbutt
stórmarkaður	Supermarkt
stór skammtur	große Portion
strásykur	Streuzucker
stökk(ur), stökkt	knusprig
stöngull	Stiel
suðusúkkulaði	Kuvertüre
sulta	Marmelade
súkkíní	Zucchini
súkkulaðikaka	Schokoladenkuchen
súkkulaði	Schokolade
súpa	Suppe
súpujurtir	Suppenkräuter
súpukjöt	Suppenfleisch
súputeningur	Suppenwürfel
súrmatur, súrmeti	traditionell in Molke Eingelegtes
súrmjólk	gesäuerte Milch
súrsaður, súrsuð	sauer eingelegt
súr, súrt	sauer
súrsunarmysa	Molke zum Einlegen
súrsun	saures Einlegen
súrt hlaup	saures Geleebonbon
svaladrykkur, Svali	Erfrischungsgetränk
svampbotn	Biskuit-Tortenboden
svartbakur	Mantelmöwe
svartfugl	Alken, Seevögel
svartfuglsegg	Seevogeleier
svart(ur), svört	schwarz
sveppur	Pilz
sveskjur	Backpflaumen
sviðasulta	Kopfsülze
svið	gesengte Schafsköpfe, frisch oder gesäuert
svínakjöt	Schweinefleisch
sykurbrúnaðar kartöflur	zuckerglasierte Kartoffeln
sykurkar	Zuckerdose

sykurlaus	ohne Zucker
sykurskert(ur)	reduzierter Zuckergehalt
sykur	Zucker
sýra	(Milch-)Säure
sýrður rjómi	saure Sahne
sýrustillir	Säureregulator
sælgæti	Süßigkeiten
sætt brauð	süßes Gebäck
sætuefni	Süßstoff
sæt(ur), sætt	süß
söl	Rotalge, Palmaria palmata, Dulse, Dillisk
söluturn	Kiosk
taka af borðinu	Tisch abdecken
taka upp	ernten
takk fyrir matinn	Danke für die Mahlzeit
takk fyrir mig	Danke für die Mahlzeit
tappatogari	Korkenzieher
tebolli	Teetasse
tebollur	Biskuitgebäck mit Schokostückchen
teinn	Spieß
teketill	Teekessel
tekex	dünner Kräcker
teningur	(Suppen-)Würfel
terta	Torte
tesía	Teesieb
teskeið	Teelöffel
te	Tee, Aufguss
tilboð	Angebot
timbraður, timbruð	verkatert
timian	Thymian
tindaskata	Sternrochen
tína ber	Beeren sammeln
Toppur	Erfrischungsgetränk
tómatkraftur	Tomatenmark
tómatsósa	Ketchup
tómatur	Tomate
Tópas	Lakritzdrops
trefjajógúrt	Jogurt mit Ballaststoffen
trefjaríkur	reich an Ballaststoffen
trönuber	Cranberries
túnfiskur	Tunfisch
túnsúra	Sauerampfer
túrmerik	Kurkuma
tvíbaka, tvíbökur	Zwieback
tvöfaldur viskí	doppelter Whisky
tyggjó	Kaugummi
töggur	Toffee
ufsalýsi	Seelachslebertran
ufsi	Seelachs, Köhler
undanrenna	Buttermilch
undirskál	Untertasse
upphæð	Summe
uppskera	Ernte
uppskrift	Rezept
upptakari	Flaschenöffner

uppþvottavél .... Spülmaschine
urriði .... Seeforelle, Bachforelle
úldin(n), úldið .... verdorben
úthafsrækja .... Tiefseegarnele, Shrimp
útigrill .... Grill unter freiem Himmel
útilega .... Camping
vaffla .... Waffel
vafningur .... Weizentortilla, Wrap
valhnetur .... Walnüsse
vallhumall .... Schafgarbe
vanilludropar .... Vanille-Extrakt
vanilluís .... Vanille-Eis
vara .... Ware
varphæna .... Legehenne
vartari .... Wolfsbarsch
vasahnífur .... Taschenmesser
vasapeli .... Flachmann
vaska upp .... abwaschen, spülen
vatnsbrúsi .... Wasserflasche
vatnsdeigsbollur .... Windbeutel
vatnsglas .... Wasserglas
vatnsmelóna .... Wassermelone
vatn .... Wasser
vega .... wiegen
veiða .... angeln, jagen
veiði .... Angeln, Jagd
veiðikort .... Jagdschein
veiðileyfi .... Angellizenz
veiðistöng .... Angel
veiðitúr .... Angeltrip
veisla .... Fest
veitingahús .... Restaurant
veitingaskáli .... (Schnell-)Restaurant
veitingastaður .... Restaurant
vera með timburmenn .... einen Kater haben
vera svangur, svöng .... hungrig sein
vera þyrst(ur) .... durstig sein
verði þér að góðu .... Wohl bekomms
verð .... Wert, Preis
versla .... einkaufen, handeln
verslunarmannahelgi .... Handelsfeiertag
verslun .... Laden
viðbit .... Aufstrich, Fett
vigta .... wiegen
vigt .... Waage
vilkósúpa .... Tütensuppe
villisveppir .... Wildpilze
villi- .... Wild-
villt(ur) .... Wild-
viskí .... Whisky
vistvæn ræktun .... ökologischer Anbau
vínarbrauð .... Kopenhagener Blätterteig mit Glasur
vínarpylsa .... Wiener Würstchen
vínarterta .... mehrschichtiger Kuchen
vínber .... Trauben
vínbúð .... Alkoholhandel
vínedik .... Weinessig
vínglas .... Weinglas
vínseðill .... Weinkarte
vítamín .... Vitamine
vog .... Waage
volg(ur), volgt .... warm
vond(ur), vont .... schlecht, schmeckt nicht
vorlaukur .... Frühlingszwiebel
vöffludeig .... Waffelteig
vöfflujárn .... Waffeleisen
vöfflur .... Waffeln
Yrja .... Schimmelkäse, vglb. Minella
ýsa .... Schellfisch
það kostar... .... das kostet...
þaramjöl .... gemahlene Algen
þeytari .... Mixer
þjóðlegur réttur .... traditionelles Gericht
þjónn .... Kellner
þjónustustúlka .... Kellnerin
þjórfé .... Trinkgeld
þorskalýsi .... Dorsch-Lebertran
þorskur .... Kabeljau, Dorsch
þráavarnarefni .... Antioxidans
þriðja kryddið .... Geschmacksverstärker
þrífa .... reinigen
þríréttað .... mit drei Gängen
þunn(ur) .... dünn, verkatert
þurrka af .... abtrocknen
þurrkaðir ávextir .... Trockenobst
þurrkað(ur) .... getrocknet
þurrt vín .... trockener Wein
þúsund .... tausend
þvo upp .... abwaschen, spülen
þykkmjólk .... Dickmilch
þykkni .... Konzentrat
þykk(ur), þykkt .... dick(flüssig)
þykkvalúra .... Limande, Echte Rotzunge
ætilegur, ætur .... essbar
ætiþistill .... Artischocke
ögn .... Prise
öl .... Bier
ölvaður, ölvuð .... betrunken
önd .... Ente
öngull .... Haken
örbylgjuofn .... Mikrowellenherd

Takk!
Manfred Klein, Sigur Rós, múm, Paul Oscar, Madonna, Nanna, Lauri, the new boss, Francesco Totti.